Let's talk French

Mark Gilbert

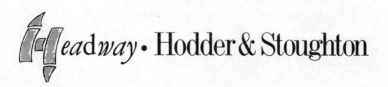

Headway · Hodder & Stoughton

Three cassette recordings for use with *Let's Talk French* are available from Tutor-Tape Company Ltd, 68 Upper Richmond Road, London SW15 2RP. Tel: 081-874 1383.

Illustrations by Celia Weber

ISBN 0 340 34698 1

First published 1977
Second edition 1983. Ninth impression 1991
© Mark Gilbert 1977

Printed in Great Britain for the educational publishing division of Hodder & Stoughton Ltd, Mill Road, Dunton Green, Sevenoaks, Kent by Clays Ltd, St Ives plc.

PREFACE

The course is intended for beginners and for people who have learnt some French, but have either forgotten a great deal, or have rarely or never practised the spoken language. They may be able to translate texts and/or recognize the grammar, but are unable to use their knowledge in question and answer (i.e. conversation) or in making brief statements. People who have learnt through grammar-translation tend to be very slow in speech, and to make far too many mistakes.

An oral approach means listening, speaking, reading and perhaps writing, in that order.

The main aims of the author are therefore:

1. to provide ample practice in question and answer work of gradually increasing complexity in situations of use to travellers in France—'survival situations'. As many such situations as possible have been included;
2. to grade the work very simply at first, and then to provide much repetition in varied contexts;
3. to provide fluency practice in essential patterns and constructions;
4. to provide carefully graded reading material;
5. and listening material through a cassette recording;
6. to keep in mind the needs of students learning at home without a teacher, e.g., by providing:
   (a) a French-English vocabulary in every lesson;
   (b) questions, the answers to which will usually be found in the texts (more difficult exercises are asterisked and provided with an answer key on p. 187);
   (c) the simplest possible grammatical explanations in English, given at the end of most lessons;
   (d) simple, clear pictures in Part I to clarify meaning, and as a basis for graded practice. All these are of course a help to all students.

In a structurally graded course the tenses and categories, e.g., personal pronouns, are split up into separate items which are introduced one or two at a time. However, the full tenses and categories will be found in the grammar summary. As patterns or structures are more important than words, the number of new words in each Unit is limited (additional vocabulary of use in the particular situation is, however, sometimes added for reference only). The tenses introduced are the Present, 'Immediate' Future, Perfect and Imperfect.

Use of the Book

It is important to stay with each Unit until one can ask the questions and answer them fairly easily, and until one can readily manipulate the more mechanical fluency practice tables. Students who already know some French should not hurry on too quickly. They need a sound basis of essential knowledge on which to build. Mini-conversations should be practised thoroughly. Fluency practice tables should be practised for a few minutes daily rather than for a longer period once or twice a week.

Once the student has understood the text with the help of the vocabulary, he should concentrate on the French and avoid English as much as possible. The book should be used as an aid to practice in the language.

Practice in Question and Answer

The answer is often found in the text, but practice should then continue until the student can give the answer without the aid of the text. Students should learn the questions as well as the answers.

Use of Pictures

The pictures included in most lessons in Part I provide material for oral practice. Students should ask and answer the questions relating to the pictures, using first the text for reference if necessary, and then covering it up. Students intending to write some of the exercises should always practise them orally first.

Mini-conversations might be practised in various ways:

In class students may:
   (*a*) take parts and act the conversation
   (*b*) make alterations of detail as suggested by the teacher or in the book, e.g., Unit 19.

At home, a private student should learn the phrases and sentences which will be of use in everyday situations in France.

Fluency Practice Tables (or Substitution tables)

Correct speech is not a matter of knowledge of formal grammar, but of simple habit. The student either is, or is not, able to use the correct form automatically, through habit.

Habits are formed through deliberate practice and repetition, and in no other way. Casual practice is insufficient. Errors are very difficult to remove because by repetition the error itself becomes a habit. Grammatical explanation is insufficient to remove such an error. Only intensive drill will do this.

Thus the Fluency practice tables are very important and should be revised frequently for short periods. They are very simple to use, e.g., Unit 23, Ex. II(*a*). Select the first item in column 1, 'Je voudrais' and make oral sentences by joining it to each item in turn in column 2.

> Je voudrais voir les chambres.
>
> Je voudrais prendre le petit déjeuner, etc.

Continue similarly with the other items in column 1. This is a drill, based on the Unit just practised, and is essential if reasonable fluency is to be obtained.

Frequent revision of various drills will be very profitable, and will ensure more rapid progress in essential patterns and vocabulary.

The cassette recording will include most of the earlier lessons, in order to give practice in pronunciation and listening, and some sections from later lessons, especially conversations.

On page 187 there is a key to some more difficult exercises, which are accompanied by an asterisk in the text.

The book provides a thorough groundwork of knowledge for students preparing for professional examinations. It might well also be used in secondary schools as a revision course.

Finally, I should like to thank Mrs C. Weber and Mrs J. Hillman for the contribution they have made to this book.

M.G.

HINTS ON PRONUNCIATION

It is essential to listen very carefully to the recorded material provided on the cassette. These notes are for reference only. They may be of help to students who wish to know how to pronounce certain sounds and groups of sounds in connected speech.

Vowels

These are articulated with vigour by the Frenchman—his speech muscles are tense throughout the duration of the sound, so that one sound only is heard—in sharp contrast to the Englishman's habit. There are no diphthongs in French; all the vowel sounds are pure. There must be very definite lip movements.

Possible spellings	Pronunciation	Examples
1. i, y	As in 'feet', 'seen', 'been', but with lips drawn back. No movement of tongue.	taxi, Joséphine, oui, pianiste, politique
2. é, ez, er, -es in monosyllables, ai	As in 'date', 'rate', 'fade', with northern accent; one single sound. Wide spreading of lips, very slight opening between teeth. Muscles tense.	café, répétéz, métro, les, mes, j'ai, téléphonique
3. è, ê, ai or ei plus consonant; -et; e plus two consonants	As in 'pen', 'then', 'deaf', 'bed' (northern English). Lips spread; wider opening between teeth than in 2.	très, fenêtre, chaise, Seine, billet est, quel(le)
4. a	As in 'cat', 'mat' (northern English). Lips well spread. Wide opening.	animal, madame, la, caravane, (femme)
5. â, sometimes a before s sound; usually before z sound; -ation	As in 'half', 'father', 'calm'. Wide open position of mouth with jaw well dropped.	là, château, gâteau, passe, raser, nation
6. open o	As in 'on'. Lips in a more open and rounded position	pomme, porte, fromage, robe, poste
7. close o; before the sound z; when final; au, eau	As heard in Scotland and northern English 'rose', 'go', 'Oh no'. One single sound, not a diphthong as in southern English. Lips rounded and pushed forward. Considerable effort of tongue and lips necessary.	gros, chauffeur, beau, chose, numéro

8. ou	As in 'soon', 'cool'. Single sound. Much muscular effort needed to sustain a pure vowel, with lips protruded and strongly rounded.	vous, où, Louvre, beaucoup
9. u	No similar English sound. Round lips as for sound 8, keep them firmly in position and say sound 1.	une, rue, du, autobus
10. deux	No similar English sound. Round lips for sound 7 and try to say sound 2. Very strong lip rounding necessary.	bleu, monsieur, cheveux, chanteuse
11. neuf	No similar English sound, but rather like 'fur', 'sir', 'murmur'. Round lips as for sound 6 and try to say sound 3.	acteur, jeune, chanteur
12. e unaccented	As in English 'the' in 'the man', 'ago', 'further', though with some lip rounding. N.B. This unaccented e is not pronounced: (a) when it is the final letter of a word, (b) silent in -ent (3rd plural verb ending)	le, de, petit, devant cette, vie ils parlent
Nasal vowels	So called because the breath is emitted through both nose and mouth. Not found in standard English.	
13. in, im, ain, aim, ein; -ien	Vowel 3, with breath emitted through both nose and mouth.	vin, timbre, pain, faim, plein, bien
14. an, en, am, em	Vowel 5, breath emitted as with 13. Must have jaw well dropped.	grand, dans, enfant, agent, trembler
15. on, om	Vowel 7, breath emitted as with 13.	bon, mon, vont, nom, compartiment
16. un, um	Vowel 11, breath emitted as with 13. N.B. No. 14 (**grand**) must never be allowed to merge with No. 15 (**bon**), as so frequently happens in English mis-pronunciation, e.g., **Grand Prix, détente**, etc., **grand** being pronounced as if it rhymed with **bon**. Very wide opening of the mouth is essential for the sound **an**.	un, brun, lundi, humble

Semi-vowels	Sounds heard when one vowel moves directly to another, and there is often some degree of friction.	
oi	'wa' in English. Sound 8 and sound 4. Sound 8 and sound 1 give **oui**.	mademoiselle, noir, moi
ui	Sound 9 and sound 1	suis, huit, nuit, aujourd'hui
ill, eil, eille	Initial sound of 'y' in English words 'yellow', 'year', etc. Exceptions: **ville, village, mille,** where **ll** is pronounced 'l'.	billet, famille, soleil, bouteille

Consonants

Most final consonants are silent, e.g., dans, beaucoup. Usually final **f, l** and **c** are pronounced, e.g., chef (except clef), neuf, bol, lac. Final **r** is often pronounced, e.g., hiver, mur, sœur, chanteur.

Exceptions: All infinitives of verbs ending in -er, e.g., donner, are silent.

               Adjectives and nouns ending in -ier, e.g., premier, dernier, pommier, are silent.

               Verb endings in -nt are silent.

qu and q = 'k', e.g., qui, quatre, politique, coq

c = (1) 'k' before a, o, u, or a consonant, e.g., cadeau, content, curieux, actrice

     (2) 's' before e and i, or with a ç cedilla, e.g., ce, c'est, cinéma, garçon

ch = English 'sh' (usually), e.g., chapeau, chaise, acheter (orchestre=k).

g = (1) soft before e and i, pronounced like the 's' in pleasure, e.g., fromage, agent, gilet

     (2) hard before a, o, u, or a consonant, e.g., garçon, gare, baguette, glace, gros

gn = 'n' plus 'y' in English 'yellow', e.g., campagne, montagne

l = 'l' as in 'leap', never as 'l' in 'eel'. Place the tip of the tongue between top front teeth and the hard gums and spread the lips, e.g., mademoiselle, il, belle

r = The uvular **r** is perhaps more used than the trilled **r**. One may practise as follows: Start from an open 'a' as in English 'car'. Hold the position without adding any voice. Jerk breath out, trying to create friction and a closed sensation at the back of the throat. Practise with different vowels.

     N.B. 1. English speakers often neglect the **r** altogether, unless it begins a syllable, e.g., parler, garçon, mercredi, arbre. It must always be pronounced.

          2. In words ending in **r** the preceding vowel should be kept pure and not become a diphthong, e.g., père, frère, jour, and the final **r** must always be vigorously pronounced.

t   = Pronounce with the tongue against the teeth, slightly in advance of the English 't', e.g., tête, trois, voiture, boîte.

s   = between two vowels is pronounced like 'z', e.g., saison, chanteuse.

Liaison (or linking of words in speech)

The final consonant in most French words is not pronounced, so that in speech most words end in a vowel sound. But when the next word begins with a vowel or h mute, the final consonant of the first word is often sounded, and becomes the first letter of the next word.

It should, however, only occur between words closely connected in position and meaning. In familiar conversation there is a tendency to avoid it as much as possible, except in certain grammatical cases.

There is always a liaison:

1. between an article, possessive or demonstrative adjective and a noun, e.g., un avion, un homme, cet autobus, ces enfants, mes amis;
2. between an adjective (including numerals) and a noun, e.g., un petit enfant, deux avions, trois agents;
3. between pronouns and verbs (or verbs and pronouns), e.g., nous allons, vous avez, ils ont, ont-ils?, Où est-il?;
4. between prepositions and short adverbs and the following word, e.g., dans une boîte, sous une lampe, chez elle, très aimable.

Stress

All syllables in French are more or less evenly stressed, except for a slight extra stress:

1. On the *last* sounded syllable of a word spoken in isolation, e.g., le pianiste, l'autobus, les animaux, la nationalité;
2. on the *last* sounded syllable of a group of words expressing a single idea.
   e.g., Ça va très bien. C'est un pianiste anglais.
   Voici l'autobus numéro quatre. Il est au kiosque.
   Il achète une orangeade. Voici un chauffeur et un taxi.

Intonation

The rise and fall of the pitch of the voice in speech. Listening to spoken French is probably the only way to acquire musical patterns, but one can note three common types:

1. Falling intonation—from high note to lower.
   e.g., (*a*) Questions beginning with an interrogative word:
      ↘ Où allez-vous? ↘ Quelle heure est-il?
   (*b*) Commands:
      ↘ Donnez-moi le livre. ↘ Allez à la porte.
2. Rising intonation—from low note to higher note.
   Questions answered by 'yes' or 'no'.
   e.g., ↗ Est-ce qu'il pleut? ↗ Vous avez votre chapeau?
3. Rising–falling intonation in longer sentences. Although there are some minor variations, in general the voice starts low and moves upwards in pitch through each sense group, falling sharply at the end.
   e.g., Ils sortent de la maison,| montent dans le taxi| et partent| pour la gare.
       ↗ | ↗ | ↗ | ↘

SUMMARY OF CONTENTS

PART I

Unit 1 (un)

1 Qui est-ce? C'est De Gaulle.
2 Qui est-ce? C'est Churchill.
3 Qui est-ce? C'est Maurice Chevalier.
4 Qui est-ce? C'est Jeanne d'Arc.
5 Qui est-ce? C'est Napoléon.
6 Qui est-ce? C'est Henri huit.

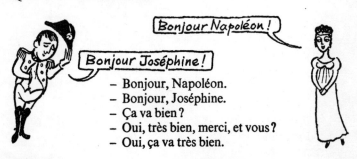

– Bonjour, Napoléon.
– Bonjour, Joséphine.
– Ça va bien?
– Oui, très bien, merci, et vous?
– Oui, ça va très bien.

Vocabulaire

qui? *who?*	très bien, *very well*
est, *is*	merci, *thank you*
c'est, *it's*	et, *and*
est-ce? *is it?*	vous, *you*
ça va bien? *are you well?*	huit, *eight*

Unit 2 (deux)

A Voici un chauffeur et un taxi.
B Voici un pilote et un avion.
C Voici un homme et un autobus.
D Voici un garçon et un héli-
    coptère.
E Voici un docteur et un hôpital.

F Le chauffeur est dans le taxi.
G Le pilote est dans l'avion.
H L'homme est dans l'autobus.
J Le garçon est dans l'hélicoptère.
K Le docteur est dans l'hôpital.

I *Complete:* (Complétez)

1 Qui est dans le taxi? Un chauffeur.
2 Qui est dans l'avion? Un pilote.
3 Qui est dans l'autobus?...
4 Qui est dans l'hélicoptère?...
5 Qui est dans l'hôpital?...

II Complétez:

1 Où est le chauffeur? (Il est) dans le taxi.
_ Où est le pilote? (Il est) dans l'avion.
3 Où est l'homme?...
4 Où est le garçon?...   5 Où est le docteur?...

III

Vocabulaire

voici, *here is*

un, *a (an)*

le (l'), *the*

dans, *in*

où, *where*

il, *he*

non, *no*

un avion, *aeroplane*

un pilote, *pilot*

un autobus, *bus*

un homme, *man*

un garçon, *boy*

un hélicoptère, *helicopter*

un docteur, *doctor*

un hôpital, *hospital*

Notes

(a) *Un* = a, and *le* = the. In front of a noun these words show that the noun is masculine. All nouns in this lesson are masculine. All nouns in French are either masculine or feminine (Unit 3).

(b) Before a vowel *le* becomes *l'*, e.g. *l'avion*

(and usually before *h*)   *l'autobus*

l'homme

Unit 3 (trois)

A une femme
B une fillette
C une hôtesse de l'air
D une infirmière
E une jeune fille

F une voiture
G une caravane
H une cabine téléphonique
J une maison

K   L   M   N

I Regardez les images K–N.

1 Qui est dans la voiture? Une femme.
2 Qui est dans la caravane?
Now give similar questions and answers for pictures L, M and N.

II 1 Où est la femme? Elle est dans la voiture.
2 Où est la fillette? Elle est...
Now give similar questions and answers for pictures L, M and N.

III

Vocabulaire

une, *a (an)*	une cabine téléphonique, *telephone box*
une femme, *a woman*	une maison, *house*
une fillette, *little girl*	Regardez les images, *Look at the pictures*
de, *of*	
une hôtesse de l'air, *air hostess*	la, *the*
une infirmière, *nurse*	elle, *she*
une jeune fille, *girl*	Quelle heure est-il? *What time is it?*
une voiture, *car*	une heure, *hour, one o'clock*
une caravane, *caravan*	deux, *two*

Notes

(a) These are feminine nouns. *Une* and *la* in front of a noun show that the noun is feminine.

(b) Before a vowel or *h*, *la* becomes *l'*, e.g. *l'hôtesse*.

(c) *Deux heures* (two hours). To form the plural most nouns add -*s*, unless the singular already ends in *s*.

(d) *Deux heures*. The *x* of *deux* is pronounced like *z* before a vowel or *h*. The two words run together.

Unit 4 (quatre)

A Voici un acteur, un chanteur et un pianiste.
Nommez un acteur.   Richard Briers.
C'est un acteur anglais ou français?
–C'est un acteur anglais.

Nommez un chanteur.   Sacha Distel.
C'est un chanteur anglais ou français?
–C'est un chanteur français.

Nommez un pianiste.   John Ogdon.
C'est un pianiste français?
–Non, monsieur, c'est un pianiste anglais.

Nommez un homme politique.   Edward Heath.
C'est un homme politique français?
–Non, monsieur, c'est un homme politique anglais.

Nommez un port.   Cherbourg.
–C'est un port anglais?
–Non, c'est un port français.

Nommez un fromage français.   Le Camembert.
Nommez un vin français.   Le Beaujolais.

I *Now say what you know about the following:*
e.g., Jean-Paul Belmondo. C'est un acteur français.
  1 Cliff Richard. 2 Calais. 3 Le Roquefort.
  4 Johnny Hallyday. 5 Michael Caine. 6 Le Cheddar.
  7 Monsieur Mitterand. 8 Le Champagne. 9 Newhaven.
  10 Daniel Barenboim.
  (Give other examples)

B   Une pianiste, une chanteuse, une actrice.

Nommez une actrice.   Julie Christie.
C'est une actrice anglaise ou française?
–C'est une actrice anglaise.

Nommez une chanteuse.   Sylvie Vartan.
C'est une chanteuse anglaise?
–Non, c'est une chanteuse française.

Nommez une ville.   Rouen.
C'est une ville française?
—Oui, monsieur.

Nommez une voiture.   La Renault.
C'est une voiture anglaise ou française?
—C'est une voiture française.

Rothmans est une cigarette anglaise.

II *Now say what you know about the following:*
e.g., Helen Mirren. C'est une actrice anglaise.
1 Brigitte Bardot. 2 Manchester. 3 La Simca. 4 Mireille Mathieu.
5 Susan Hampshire. 6 Jeanne Moreau. 7 Une Gauloise.
8 Lyon. 9 Rolls Royce. 10 Players.

Vocabulaire

nommez, *name (i.e. give the name of)*
un acteur, *actor*
un chanteur, *singer*
un pianiste, *pianist*
un homme politique, *politician*
un port, *port*
un fromage, *cheese*
un vin, *wine*

une actrice, *actress*
une chanteuse, *woman singer*
une pianiste, *woman pianist*
une ville, *town*
une voiture, *car*
une cigarette, *cigarette*
ou, *(without accent) or*

Notes

(a) *anglais, français* are adjectives describing the nouns *acteur, chanteur*, etc.
Adjectives of nationality follow the noun in French, e.g., *un pianiste français,*
a French pianist. Do not use capital letters for such adjectives.
(b) Adjectives which describe a feminine noun, e.g., *une ville française* usually add
an *-e* to the masculine form unless the masculine adjective already ends in *-e.*
Exceptions will be noted as they occur.

Unit 5 (cinq)

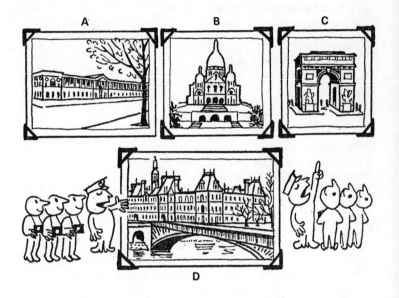

Une promenade à Paris (1)

A Voici le Louvre.
B Voici le Sacré-Cœur.
C Voici l'Arc de Triomphe.
D Voici l'Hôtel de Ville.

Complete:

I Qu'est-ce que c'est? *(What is it?)*
   A C'est le Louvre.
   B C'est le ...
   C C'est ...
   D ...

II A Voici une photo du Louvre.
   B Voici une photo du ...
   C Voici une photo de l'Arc de Triomphe.
   D Voici ...

Conversation

–Pardon, monsieur l'agent, le Louvre, s'il vous plaît.
–Prenez l'autobus numéro quatre, monsieur, il passe devant le Louvre.
–Où est l'arrêt d'autobus, monsieur?
–Il est là, monsieur, juste en face.
–Merci beaucoup, monsieur.
–Je vous en prie.

Quelle heure est-il? Il est trois heures.
Il est quatre heures.

Vocabulaire

une promenade, *walk, trip*
Le Sacré-Cœur, *Sacred Heart Church*
L'Arc de Triomphe, *Triumphal Arch*
L'Hôtel de Ville, *Town Hall*
du, de l', *of the*
un agent, *policeman*
s'il vous plaît, *please*
prenez, *take*

un numéro, *number*
devant, *in front of*
un arrêt d'autobus, *bus stop*
là, *there*
en face, *opposite*
merci beaucoup, *thanks very much*
je vous en prie, *don't mention it*
vous, *you*

Notes

(a) 'Of the' (masculine): *du,* or *de l'* before a vowel or *h.*
   une photo du Sacré-Cœur (a photo of the Sacred Heart)
   une photo de l'Arc de Triomphe
(b) Use of *de* = of (adjectival), or *d'* before a vowel or *h.*
   un arrêt d'autobus (bus stop)
   l'Hôtel de Ville (Town Hall)
   l'Arc de Triomphe (Triumphal Arch)
(c) *Un autobus passe.* Il *passe* = *It* passes.
   Une voiture passe. Elle *passe* = *It* passes.
   Il and *elle* mean 'he' and 'she' when talking about people.
   Il and *elle* also mean 'it' when talking about a thing – *il* when the thing is masculine and *elle* when the thing is feminine.

Unit 6 (six)

Une promenade à Paris (2)

A Voici la Tour Eiffel.
B Voici la Cathédrale Notre Dame.
C Voici la Place de la Concorde.
D Voici l'Opéra.
E Voici l'Eglise de la Madeleine.

Complete:

I Qu'est-ce que c'est ? (*What is it ?*)
   A C'est la Tour Eiffel.
   B C'est la . . .
   C . . .
   D C'est l'Opéra.
   E . . .

II A Voici une photo de la Tour Eiffel.
    B Voici une photo de . . .
    C Voici . . .
    D Voici une photo de l'Opéra.
    E Voici . . .

Conversations

1   –Pardon, monsieur l'agent, la Place de la Concorde, s'il vous
     plaît?
     –Prenez le métro, monsieur. Changez à Châtelet.* Descendez à
     Concorde.
     –Où est la station de métro, s'il vous plaît?
     –Elle est là, monsieur, au coin de la rue.
     –Merci beaucoup, monsieur.
     –Je vous en prie.

2   –Pardon, monsieur, la Gare Saint-Lazare, s'il vous plaît?
     –Prenez l'autobus numéro cinq, madame.
     –Où est l'arrêt d'autobus, s'il vous plaît?
     –Il est là, madame, devant le cinéma. Et voici l'autobus.
     –Zut alors! Il part.
     –Quel dommage! Prenez un taxi. La station de taxis est au coin
     de la rue, devant la station de métro. En taxi c'est à dix minutes.

     Quelle heure est-il? Il est cinq heures (5h).
     Il est six heures (6h).

Vocabulaire

une gare, *railway station*	zut alors! *bother!*
la Place de la Concorde, *Concorde Square*	il part, *it's setting off*
une église, *church*	quel dommage! *what a pity!*
le métro, *underground*	en taxi, by taxi, *in a taxi*
changez, *change*	à, *at*
descendez, *get off*	à dix minutes, *at a distance of ten minutes*
au coin, *at the corner*	N'oubliez pas le guide, *Don't forget the guide*
la rue, *street*	

Notes

(a) 'Of the' (feminine) = *de la*, or *de l'* before a vowel.
     une photo | *de la Tour Eiffel*
                 | *de l'Opéra*
     au coin de la rue
(b) Use of *de* = of (adjectival)
     la station de taxis (taxi rank)
     la station de métro (underground station)
(c) *Prenez, changez, descendez* = orders or suggestions, ending *-ez*.
(d) Numbers 1–10

1 un, une	4 quatre	7 sept	9 neuf
2 deux	5 cinq	8 huit	10 dix
3 trois	6 six		

* *Châtelet* and *Concorde* are two stations on the Paris underground.

Unit 7 (sept)

La famille Lenoir

(A) Jacques Lenoir
(le père)

(B) Monique Lenoir
(la mère)

(D) Marc (le fils)

(C) Denise (la fille)

Jacques Lenoir est le mari de Monique Lenoir, et le père de Marc et Denise.

Monique Lenoir est la femme de Jacques Lenoir, et la mère de Marc et Denise.

Marc Lenoir est le fils de Jacques et de Monique Lenoir.

Denise Lenoir est la fille de Jacques et de Monique Lenoir.

Conversations

1 –Voici une photo de Monique Lenoir (B).
   –Monique Lenoir? C'est la fille de Jacques?
   –Mais non, c'est sa femme. Voici une photo de sa fille (C). Elle s'appelle Denise. Et voici son fils (D). Il s'appelle Marc.

2 –Bonjour, M. Laval. Comment ça va?
   –Bonjour, M. Lenoir. Ça va bien, merci.
   –Voici ma femme, Monique.
   –Enchanté, Madame.
   –Voici mon fils Marc et ma fille Denise.
   –Bonjour, Marc. Bonjour Mademoiselle.

I 1 Comment s'appelle le mari de Mme Lenoir?
          Il s'appelle Jacques.
       2 Comment s'appelle le fils de Mme Lenoir?
          Il s'appelle Marc.
       3 Et sa fille, comment s'appelle-t-elle?
          Elle s'appelle ...
       4 Et Mme Lenoir, comment s'appelle-t-elle?

II Fluency practice

Voici M. Lenoir.	Voici	A	Voici	B
		sa femme.		ma femme.
		sa fille.		ma fille.
		sa voiture.		ma voiture.
		sa maison.		ma maison.
		son fils.		mon fils.
		son garage.		mon garage.

Quelle heure est-il?   Il est sept heures (7 h).
                        Il est huit heures (8 h).

III Further oral practice

Introduce your parents (and/or children) to a friend (as in Conversation (2)), or to other members of the class.

Vocabulaire

une famille, *family*	mais non, *oh no*	enchanté, *delighted*
un père, *father*	son, sa, *his or hers*	comment s'appelle-t-il
une mère, *mother*	il (elle) s'appelle, *he*	(elle)? *what is he*
un fils, *son*	(she) is called	(she) called?
une fille, *daughter*	comment ça va? *how are*	mon, ma, *my (See*
un mari, *husband*	*you?*	*Notes)*
une femme, *wife*		

Notes

(*a*) Possessive adjectives 'my', 'his', 'her' (with singular nouns):
     mon, 'my' (masc. sing. noun): *mon père*, *mon taxi* (*taxi* is masculine);
     ma, 'my' (fem. sing. noun): *ma mère*, *ma maison* (*maison* is feminine);
     'his' or 'her':
       (i) If the noun is masculine singular, use *son* for both 'his' and 'her':
           e.g. *son fils* (his or her son); *son garage* (his or her garage)
       (ii) If the noun is feminine singular, use *sa* for both 'his' and 'her':
           e.g. *sa fille* (his or her daughter); *sa voiture* (his or her car).
     Because *mon, ma, son, sa*, are adjectives they must have the same gender as
     the noun they refer to. This has nothing to do with the sex of the person who
     owns the thing referred to.

(*b*) Numbers 11–20.

11 onze	14 quatorze	17 dix-sept	19 dix-neuf
12 douze	15 quinze	18 dix-huit	20 vingt
13 treize	16 seize		

Unit 8 (huit)

I Quelle heure est-il?

Il est	neuf heures	9 h.
	dix heures	10 h.
	onze heures	11 h.
	midi	12 h. *(noon)*
	minuit	*(midnight)*

C'est moi Jim.

Apprenez la question et les réponses.

A   8 h. M. Lenoir est au kiosque. Il achète un journal.
'Vous désirez, monsieur?'
''Le Figaro', madame, s'il vous plaît.'

B   9 h. M. Lenoir est au bureau.
Il téléphone. 'Allô, allô. Qui est à l'appareil?'
'C'est Monique.'

C   10 h. Madame Lenoir est au marché. Elle achète un kilo de
sucre. 'Vous désirez, madame?'
'Je voudrais un kilo de sucre.'

D   11 h. Marc Lenoir est au café. Il achète une orangeade.
'Vous désirez, monsieur?'
'Une orangeade, s'il vous plaît.'

E   4 h. Denise Lenoir est au café-bar. Elle achète une glace.
'Vous désirez, mademoiselle?'
'Je voudrais une glace vanille, monsieur.'

Regardez les images A–E.

II Que fait-il (elle)? *(What is he (she) doing?)*

A   Il achète un journal.
B–E

III Quelle heure est-il?
A   Il est huit heures.
B, C, D, E

IV A   M. Lenoir, où est-il? Il est au kiosque.
B   M. Lenoir, où est-il?
C   Mme Lenoir, où est-elle? Elle...
D   Marc, où est-il?
E   Denise, où est-elle?

V *Learn the questions and answers in the 'balloons'.*
e.g. A   'Vous désirez, Monsieur?'—''Le Figaro', madame.'

VI Fluency practice

(a) Il est	au kiosque.	(b) Je voudrais	un journal.
Elle est	au marché.		un kilo de sucre.
	au bureau.		une glace vanille.
	au café.		une orangeade.
	à l'appareil.		
	à l'hôtel.		

Vocabulaire

une heure, *hour*	un marché, *market*
quel(le)? *what?*	le sucre, *sugar*
midi, *midday*	une glace, *ice-cream*
minuit, *midnight*	Que fait-il (elle)? *What is he (she)*
un kiosque, *kiosk*	*doing?*
il achète, *he (she) is buying*	Vous désirez? *What would you like?*
un journal, *newspaper*	Je voudrais, *I should like ...*
un bureau, *office*	une réponse, *answer*
un appareil, *telephone (in this context)*	

Notes

(a) *au* before a masculine noun = 'at the', ('to the').
à l', before a vowel or *h*, e.g. *à l'appareil, à l'hôtel*, also = 'at the' ('to the') see Ex. VI.

(b) Learn phrases such as '*Vous désirez?*', '*Je voudrais*' without troubling about grammar at this point.

(c) Ex. IV. (*a*): *M. Lenoir, où est-il?* could be *Où est M. Lenoir? Il est ...*
Now change similarly Ex. IV, B–E.

(d) Numbers 21–30. (See list page 201).
21 = vingt et un (no hyphen)
22 = vingt-deux
23 = vingt-trois, and so on, with hyphens up to
29 = vingt-neuf
30 = trente

Unit 9 (neuf)

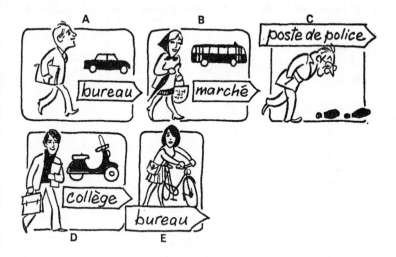

A M. Lenoir va au bureau. Il est homme d'affaires.
   Il porte une serviette. Il y va en voiture.
B Mme Lenoir va au marché. Elle est ménagère. Elle porte un
   panier et un parapluie. Elle y va en autobus.
C M. Laval va au poste de police. Il est détective. Il y va à pied.
D Marc Lenoir va au collège. Il est étudiant. Il y va en scooter.
E Denise Lenoir va au bureau. Elle est secrétaire. Elle y va en
   vélo. Elle porte un sac.

Practise questions and answers.

I A Qui est-ce? C'est M. Lenoir.
   B–E. *(Give the question and the answers.)*

II A Regardez M. Lenoir. Où va-t-il?
      –Il va au bureau.
   B Regardez Mme Lenoir. Où va-t-elle?
      –Elle va au marché.
   C–E. *(Complete as in I.)*

III (Est-ce que) M. Lenoir est détective? *(See Note d)*
—Non, il est homme d'affaires.
B–E. *(Complete using* secrétaire, étudiant, homme d'affaires, ménagère.)

IV Comment va-t-il au bureau?
—En voiture (Il y va en voiture).
B–E.

V Bonjour, M. Lenoir, où allez-vous?
—Je vais au bureau.
B–E. Bonjour, Mme Lenoir, où allez-vous? *etc.*

VI Fluency practice

(*a*) Il va.   Où va-t-il?
Elle va.   Où va-t-elle?

	1	2
(*b*) Il va	au bureau.	au Louvre.
Elle va	au marché.	au Sacré-Cœur.
Je vais	au poste de police.	au kiosque.
	au collège.	au café.

(*c*) Comment va-t-il(elle) au bureau (etc.)?

Il y va	en voiture.
Elle y va	en autobus.
	en vélo.
	en scooter.
	à pied.

(*d*) Où allez-vous,

Où allez-vous,	monsieur?	Je vais	au bureau (etc.)
	madame?		au Louvre (etc.)
	mademoiselle?		à la Tour Eiffel
			à l'Arc de Triomphe

Ask the question: Qu'est-ce qu'il(elle) porte?

(*e*) Il	porte	une serviette.
Elle		un sac.
		un panier.
		un parapluie.

VII M. Lenoir, quel est votre métier?
—Je suis homme d'affaires.
2 Et vous, Mme Lenoir? Je suis ménagère.
3 Et vous, M. Laval? Je suis . . .
4 Et vous, Marc? . . .
5 Et vous, Denise? . . .

VIII Further oral practice

Students ask each other where they go in the morning, and by what kind of transport.

Vocabulaire

le matin, *in the morning*
il (elle) va, *he (she) is going*
un homme d'affaires, *businessman*
il porte, *he is carrying*
une serviette, *briefcase*
y, *there* (il y va, *he's going there*)
en voiture, *by car*
une ménagère, *housewife*
un panier, *basket*
un parapluie, *umbrella*

en autobus, *by bus*
un poste de police, *police station*
à pied, *on foot*
un(e) étudiant(e), *student*
en scooter, *by scooter*
en vélo, *by bicycle, on a bicycle*
un sac, *handbag*
Où allez-vous? *Where are you going?*
Je vais, *I'm going ...*
Je suis, *I am*

Notes

(a) *au*, 'to the' (as well as 'at the').

(b) *Il y va*. Notice position of *y*, before the verb.

(c) *Je suis détective.*
Il est professeur (teacher).
With professions or occupations, *un* (or *une*) is omitted in French after *je suis, il(elle) est*, etc.

(d) *(Est-ce que) M. Lenoir est détective?*
Est-ce que is often used at the beginning of a question, and provides another form of question:
e.g., *Vous désirez une glace?* could be
Est-ce que vous désirez une glace?

(e) Numbers 31–40 (see list page 201).
31 = trente et un (no hyphens)
32 = trente-deux
35 = trente-cinq, and so on with hyphens until
40 = quarante

Unit 10 (dix)

A Voici un bureau de tabac.
   On y vend des cigarettes et des timbres.
   Les cigarettes sont dans des paquets.
   'Je voudrais des cigarettes, monsieur, s'il vous plaît.'
   'Des Gitanes?'
   'Non, monsieur, des Gauloises. Je voudrais aussi cinq timbres à
   un franc.'

B Voici une librairie.
   Dans une librairie on vend et on achète des livres.
   Les livres sont sur des rayons.
   'C'est combien, ce livre, mademoiselle?'
   'Dix francs, monsieur.'

C Voici une boulangerie. On y achète des baguettes et des croissants.
Les baguettes et les croissants sont sur le comptoir.
Le boulanger est derrière le comptoir.
'C'est combien, une baguette?'
'Deux francs, madame.'
'Et un croissant, c'est combien?'
'Un franc, madame.'

D Voici une fruiterie. On y vend des pommes, des poires et des
bananes. Les bananes et les poires sont sur le comptoir; les
pommes sont dans une boîte sous le comptoir.
Le marchand de fruits est derrière le comptoir.
'Je voudrais des pommes, monsieur.'
'Combien, madame?'
'Un kilo, s'il vous plaît.'

I A 1 Qu'est-ce qu'on vend dans un bureau de tabac? On y
          vend . . .
       2 Où sont les cigarettes? Elles sont dans . . .
       3 Qu'est-ce que le monsieur demande d'abord? 'Je vou-
          drais . . .'
       4 Qu'est-ce qu'il demande aussi?
   B 5 Qu'est-ce qu'on fait dans une librairie?
       6 Où sont les livres? Ils . . .
       7 Qu'est-ce que le monsieur demande? 'C'est . . .
       8 Qu'est-ce que la jeune fille répond?

II C 1 Qu'est-ce qu'on achète dans la boulangerie? On y achète . . .
       2 Où sont les baguettes? Elles . . .
       3 Est-ce que le boulanger est devant le comptoir? Non, il . . .
       4 Qu'est-ce que la dame demande d'abord? Elle . . .
       5 Et ensuite qu'est-ce qu'elle demande?

III Regardez l'image D.
    Posez (ask) quatre ou cinq questions et donnez (give) les réponses
    (answers).
    (Use the types of question in C above.)

IV Fluency practice

(a) Dans	un bureau de tabac	on vend	des cigarettes et des timbres.
	une librairie	on achète	des livres.
	une boulangerie		des baguettes et des croissants.
	une fruiterie		des pommes, des poires et des bananes.

(b) Les cigarettes	sont	sur le comptoir.
Les timbres		sous le comptoir.
Les livres		devant le comptoir.
Les baguettes		derrière le comptoir.
Les croissants		dans une boîte.
Les bananes	

(c) Qu'est-ce	qu'on fait?	What does one	do?
	qu'on vend?		sell?
	qu'on achète?		buy?

Practise these questions with the four shops, using Ex. IV(a) above.

Vocabulaire

un bureau de tabac, *tobacconist*
on vend, *one sells*
des, *some (See Note a)*
un timbre, *stamp*
ils (elles) sont, *they are*
un paquet, *packet*
aussi, *also*
une librairie, *bookshop*
un livre, *book*
sur, *on*
un rayon, *shelf*
Combien? *How much, how many?*
ce, *this*
une boulangerie, *baker's shop*
une baguette, *long loaf of bread*
un croissant, *crescent-shaped roll*

un comptoir, *counter*
un boulanger, *baker*
derrière, *behind*
une fruiterie, *fruit shop*
une pomme, *apple*
une poire, *pear*
une banane, *banana*
une boîte, *box*
sous, *under*
un marchand de fruits, *fruiterer*
il demande, *he asks*
d'abord, *first*
une dame, *lady*
elle répond, *she answers*
ensuite, *next*

Notes:

(a) 'Some' with a plural noun is always *des*: *des livres, des pommes*, etc. 'Some' is often omitted in English, e.g., 'There are apples and pears on the counter.' *Des* must never be omitted in French. It is the plural of *'un'*, *'une'*: e.g., *un livre, des livres; une pomme, des pommes.*

(b) *Les* is the plural of *le, la, l'* = 'the', e.g., *le livre, les livres; la pomme, les pommes; l'avion, les avions.*

(c) To form the plural of nouns *usually* add *-s*. Exceptions will occur later. This *-s* is not pronounced.

(d) On *achète*, on *vend*, on *fait* = 'one buys', 'one sells' etc. This is used more often in France than in England.

(e) Numbers 41–50 (see list page 201).

41 quarante et un (no hyphens)
42 quarante-deux

43 quarante-trois etc.
50 cinquante

Unit 11 (onze)

A Voici M. et Mme Lenoir. Ils vont à la gare. Ils y vont en taxi.

B Voici Yvonne et Denise. Elles vont à la piscine. Elles y vont en vélo.

C Voici M. et Mme Laval. Ils vont à la maison. Ils y vont en voiture.

D Voici deux étudiantes, Claire et Louise. Elles vont à l'arrêt d'autobus. Elles y vont à pied.

Complete these four exercises. Practise questions and answers.

I Qui est-ce?
  A C'est M. et Mme Lenoir.
  B C'est...
  C ...
  D ...

II A Où vont-ils? Ils vont à la gare.
   B Où vont-elles? Elles vont...
   C Où vont-ils? Ils...
   D Où vont-elles? Elles...

III A Comment vont-ils à la gare? En taxi.
    B Comment vont-elles à la piscine?...
    C *Fill in question and answer.*
    D *Fill in question and answer.*

IV A Bonjour M. et Mme Lenoir. Où allez-vous?
     Nous allons à la gare.
     Similarly with B, C, D.

V **Fluency practice**

(a)		(b)	
Il va	au bureau.	Il est	au bureau.
Elle va	au marché.	Elle est	au marché.
Je vais	au collège.	Je suis	au collège.
Ils vont	à la gare.	Ils sont	à la gare.
Elles vont	à la piscine.	Elles sont	à la piscine.
Nous allons	à la maison.	Nous sommes	à la maison.
Vous allez	à l'arrêt.	Vous êtes	à l'arrêt.
	à l'école.		à l'école.

Conversation à une école de français pour les étrangers

–Bonjour, mademoiselle.
–Bonjour, monsieur. Comment vous appelez-vous?
–Je m'appelle Carlo. Et vous?
–Je m'appelle Nina.
–Vous êtes étudiante?
–Oui, et vous?
–Moi aussi, je suis étudiant.
–Qui est votre professeur de français?
–C'est M. Cartier.
–Ah bon! Nous sommes dans la même classe et nous avons le même
  professeur.

Vocabulaire

ils (elles) vont, *they are going*
une gare, *railway station*
une piscine, *swimming pool*
nous allons, *we are going*
une école, *school*
pour, *for*
un étranger, *stranger; foreigner*
Comment vous appelez-vous? *What
  are you called?*

Où êtes-vous? *Where are you?*
je m'appelle, *I'm called*
vous êtes, *you are*
moi aussi, *I too*
bon, *good*
nous sommes, *we are*
même, *same*
nous avons, *we have*

Note

Numbers 51–60 (see list page 201).
51 = cinquante et un (no hyphens)
52 = cinquante-deux etc.
60 = soixante

Unit 12 (douze)

Les Lenoir sont dans une boîte de nuit. Il y a un grand spectacle. Un prestidigitateur (un illusionniste) arrive sur la scène, avec une jolie jeune fille. Il s'appelle le Grand Mago; la jeune fille s'appelle Lulu.

A Mago est debout sur la scène.

   A gauche il y a un jeune homme, qui est assis à une table. A droite il y a une dame, qui est assise à une autre table.

B Voici Mlle Lulu qui porte un plateau. Sur le plateau il y a une tasse et une soucoupe, une bouteille et un verre. Dans la tasse il y a du thé. Dans la bouteille il y a du whisky.

C Lulu met la tasse et la soucoupe sur la table qui est à gauche.

D Elle met la bouteille et le verre sur la table qui est à droite.

E Ensuite elle met une nappe blanche sur la table qui est à gauche, et une nappe noire sur la table qui est à droite.

F Le prestidigitateur prononce des paroles magiques et voilà!

I A 1 Est-ce que le Grand Mago est assis ou debout?
      2 Est-ce que le jeune homme est assis à droite ou à gauche?
      3 Et la dame, est-ce qu'elle est assise à gauche? Non, elle . . .
   B 4 Que fait Mlle Lulu?
      5 Qu'est-ce qu'il y a sur le plateau?
      6 Qu'est-ce qu'il y a dans la tasse?
      7 Qu'est-ce qu'il y a dans la bouteille?
   C 8 Mlle Lulu, qu'est-ce qu'elle met sur la table devant le jeune homme?

D 9 Qu'est-ce qu'elle met sur la table devant la dame?
E 10 Que fait-elle ensuite?
F 11 Maintenant où est la bouteille? Elle ...
12 Où est la tasse?

II Fluency practice

Elle porte	du whisky du thé	sur le plateau.
Elle met		sur la table qui est à droite. sur la table qui est à gauche.

*III *Adjectives*

assis(e), joli(e), noir(e), blanc(he)
Insert the correct form in the following (See Unit 4, note b):

1 La jeune fille est j...
2 Le chapeau est n...
3 La femme est a...
4 La boîte est bl...

5 La nappe est n...
6 Le paquet est bl...
7 Le détective est a...
8 Le chapeau est j...

Vocabulaire

une boîte de nuit, *night club*
il y a, *there is, there are*
un spectacle, *show*
un prestidigitateur, *conjuror*
joli(e), *pretty*
grand(e), *big*
debout, *standing*
assis(e), *seated*
un jeune homme, *young man*
à droite, *on the right*
à gauche, *on the left*
un plateau, *tray*
une tasse, *cup*
une soucoupe, *saucer*

une bouteille, *bottle*
un verre, *glass*
du thé, *(some) tea*
du whisky, *(some) whisky*
elle met, *she puts, is putting*
une nappe, *cloth, tablecloth*
blanc (blanche), *white*
noir(e), *black*
qui, *who or which*
il prononce, *he utters*
une parole, *spoken word*
magique, *magic*
voilà! *lo and behold!*

Notes

(a) Partitive *du* = some.
With masculine singular nouns use *du*; e.g. *du whisky, du thé, du café.* In English we often omit the word 'some'; e.g. 'Would you like tea or coffee?' Never omit *du* in French: e.g. *Voudriez-vous du thé ou du café?*

(b) Like adjectives of nationality, adjectives of colour always follow the noun in French: e.g. *une nappe noire, un chapeau blanc.*

---

* Exercises marked thus are provided with an answer key on p. 187.

Unit 13 (treize)

Au Café

Voici le Café Splendide à Nice.

M. Lenoir est assis à une table sur la terrasse devant le café.

Le garçon de café est debout à la table.

Le garçon: Vous désirez, monsieur?

M. Lenoir: Je voudrais du vin rouge, s'il vous plaît, une demi-bouteille.

Le garçon: Tout de suite, monsieur.

Le garçon arrive avec un plateau. Il met la bouteille et un verre sur la table.

'Merci beaucoup', dit M. Lenoir. Il verse du vin dans son verre.

M. Laval arrive.

M. Laval: Bonjour, Monsieur Lenoir; comment ça va?

M. Lenoir: Très bien merci. Asseyez-vous, monsieur, je vous en prie. Qu'est-ce que vous prenez?

M. Laval: Je prends un café, s'il vous plaît.

M. Lenoir appelle le garçon.

M. Lenoir: Garçon, un café pour M. Laval.

Le garçon: Un café-crème ou un café noir?

M. Laval: Un café-crème, s'il vous plaît.

Le garçon: Tout de suite, Monsieur Laval.

Le garçon met une tasse sur la table.

'Merci beaucoup', dit M. Laval.

M. Lenoir boit du vin. M. Laval boit du café.

'Le vin est excellent', dit M. Lenoir.

'Le café est très bon', dit M. Laval.
M. Lenoir appelle le garçon:
'L'addition, s'il vous plaît?'
'Seize francs, monsieur.'
'Est-ce que le service est compris?'
'Oui, monsieur.'

Further practice

Try these conversations:

(a) Mme Laval arrives and wants tea. ('Un thé').

(b) Marc arrives and wants 'un coca-cola'.

I 1 Où M. Lenoir est-il assis?

2 Est-ce que le garçon de café est assis ou debout?

3 Qu'est-ce que le garçon porte quand il revient?

4 Qu'est-ce qu'il met sur la table?

5 Qu'est-ce que M. Lenoir verse dans son verre?

6 Est-ce que M. Laval boit du café ou du vin?

7 Est-ce qu'il prend un café-crème ou un café noir?

8 Comment est le vin? Il . . .

9 Comment est le café? Il . . .

II Fluency practice

(a)
Je voudrais	du café.
Je bois	du thé.
Il boit	du vin.
Je prends	du coca-cola.
	du whisky.

(b)
Il met	une bouteille	sur la table.
	un verre	
	une tasse	

(c) *Practise question and answer:*

Qu'est-ce que vous	buvez	au petit déjeuner?
	prenez	

Je	bois	du thé, du café, du lait.
	prends	

III Apprenez une partie de la conversation.

Vocabulaire

une terrasse, *(usually) the pavement in front of the café*
le vin, *wine*
rouge, *red*
une demi-bouteille, *half bottle*
tout de suite, *at once*
avec, *with*
il verse, *he pours*
asseyez-vous, *sit down*
je prends, *I'll take (have)*

vous prenez, *you take*
un café-crème, *coffee with milk or cream*
un café (noir), *black coffee*
je bois, *I drink*
une addition, *bill*
compris, *included*
le lait, *milk*
le petit déjeuner, *breakfast*

Notes

(a) In France, one asks for *un thé* = pot of tea.
  un café = a cup of coffee (black).
  un café-crème = coffee with milk (or cream).
(b) *Un thé au lait* (with milk). Ask for **cold** milk—*un thé au lait* **froid**, or warm milk (*lait* **chaud**) may appear.
  Un thé au citron, lemon tea.

Unit 14 (quatorze)

Quelle heure est-il!

    8h. 15. Il est huit heures quinze. (*See note (d)*)
    9h. 30. Il est neuf heures trente.
   10h. 45. Il est dix heures quarante-cinq.
   11h. 15. Il est onze heures quinze.
   12h. 30. Il est (midi trente).
                  (minuit trente).
    1h. 30. Il est une heure trente.
    2h. 45. Il est deux heures quarante-cinq.
    3h. 15. Il est trois heures quinze.   CIANS
    4h. 30. Il est quatre heures trente.
    5h. 45. Il est cinq heures quarante-cinq.

Conversations

(a) Premier Interview

Pardon, monsieur. Je voudrais vous poser des questions pour la télévision. On fait une enquête.

1 A quelle heure prenez-vous le petit déjeuner?
  Je prends le petit déjeuner à 7h. 30.
2 A quelle heure quittez-vous la maison?
  Je quitte la maison à 8h. 00.
3 Comment allez-vous au bureau?
  Je vais au bureau en voiture.
4 A quelle heure arrivez-vous au bureau?
  J'arrive au bureau à 8h. 30.
5 A quelle heure déjeunez-vous?
  Je déjeune à midi trente.
6 A quelle heure quittez-vous le bureau?
  Je quitte le bureau à 5h. 15.
7 A quelle heure arrivez-vous à la maison?
  J'arrive à la maison à 5h. 45.

Merci, monsieur, vous êtes bien aimable. Voici deux billets pour un concert à la Maison de la Radio.

I   Apprenez les questions et les réponses.

II   *Now give your own personal answers to Questions 1–7 above.*

III Complétez: (*Write the times in full*):

1 Le monsieur, à quelle heure est-ce qu'il prend le petit déjeuner?
  Il prend le petit déjeuner à 7h. 30.
2 A quelle heure est-ce qu'il quitte la maison?
  Il quitte la maison à 8h. 00.
3 A quelle heure est-ce qu'il arrive au bureau?
  Il arrive ...
4 A quelle heure est-ce qu'il déjeune?
  Il ...
5 A quelle heure est-ce qu'il quitte le bureau?
  Il ...
6 A quelle heure est-ce qu'il arrive à la maison?
  Il ...

(b) Deuxième Interview

Bonjour, mesdemoiselles. Je voudrais vous poser des questions pour la télévision. On fait une enquête.
Bon, d'accord.

1 Vous habitez ensemble?
  Oui, monsieur, nous habitons ensemble, dans un appartement.
2 A quelle heure prenez-vous le petit déjeuner?
  Nous prenons le petit déjeuner à huit heures.
3 A quelle heure quittez-vous la maison?
  Nous quittons la maison à huit heures quinze.
4 Où travaillez-vous?
  Nous travaillons dans un grand magasin.
5 Comment allez-vous au magasin?
  Nous allons au magasin en autobus.
6 A quelle heure arrivez-vous au magasin?
  Nous arrivons au magasin à neuf heures.
7 A quelle heure déjeunez-vous?
  Nous déjeunons à midi trente.
8 A quelle heure quittez-vous le magasin?
  Nous quittons le magasin à six heures.
9 A quelle heure arrivez-vous à la maison?
  Nous arrivons à la maison à six heures quarante-cinq.

Merci beaucoup, mesdemoiselles. Voici deux billets pour un concert à la Maison de la Radio.

IV Apprenez les questions et les réponses.

V *Learn the third plural of* -er *verbs (see Notes).*

1 Elles habitent ensemble.

2 Elles quittent la maison.
3 Elles travaillent dans un grand magasin.
4 Elles arrivent au magasin.

5 Elles déjeunent.

The pronunciation of the third plural is the same as the third singular: *–ent* is silent, just as *–e* of the third singular is silent. If the third plural begins with a vowel or *h* mute (1 and 4 above), there is liaison between the two words, i.e. the final *–s* of *Ils* or *Elles* is pronounced like *z*, and linked to the next word.

Vocabulaire

un quart, *quarter*
demi(e), *half*
moins, *minus, less*
poser (une question), *to put, ask (a question)*
premier, *first*
une enquête, *enquiry, investigation*
quitter, *to leave*
déjeuner, *to have lunch* (le déjeuner, *lunch*)
bien, *very*

aimable, *kind*
un billet, *ticket*
La Maison de la Radio, *Broadcasting House*
apprenez, *learn*
d'accord, *agreed*
habiter, *to live (in)*
ensemble, *together*
un appartement, *flat*
travailler, *to work*
un magasin, *shop*

Notes

(a) The sign of the infinitive in English is 'to': e.g., to go, to leave, to arrive, etc. In French the infinitive is recognised by the ending of the verb. The most common is *-er*: e.g., *arriver, quitter, habiter*. In this lesson there are many examples of verbs in *-er*, which means verbs whose infinitive ends in *-er*. Almost all these verbs are regular, i.e., they have the same endings. (*Aller*, 'to go' is the main exception.) See verb tables (pp. 193–199) for complete tenses.

(b) There are two other classes of regular verbs, verbs whose infinitive ends in *-ir*, and *-re*. There are also some common irregular verbs, e.g., *aller; prendre* (to take); *boire* (to drink); *avoir* (to have); *être* (to be); *mettre* (to put (on)). See verb tables.

(c) Question forms: We have already had: *Où allez-vous?* 'Where are you going?' *Que faites-vous?* 'What are you doing?' Other examples in this lesson: *Prenez-vous?* 'Do you take?' *Quittez-vous?* 'Do you leave?' *Arrivez-vous?* 'Do you arrive?'

Two other forms of question which we have had:

1 Adding a question mark to the statement, and changing the intonation: e.g., *Vous habitez ensemble?* 'Do you live together?' *Vous quittez la maison à huit heures?* 'Do you leave home at 8 o'clock?'

2 Putting *Est-ce que* in front of the above: e.g.,
   Est-ce que vous habitez ensemble?
   Est-ce que vous quittez la maison à 8 heures?

(*d*) Time of day.
   There are alternative ways of expressing 'a quarter past', 'half-past', and 'a quarter to': e.g.,
   8h. 15 = *Il est huit heures et quart.*
   9h. 30 = *Il est neuf heures et demie.*
   10h. 45 = *Il est onze heures moins le quart.*
   These are commonly used and will occur in later units.

Unit 15 (quinze)

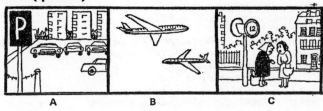

A Combien de voitures y a-t-il dans le parking? Il y en a quatre.
B Combien d'avions y a-t-il dans le ciel? Il y en a deux.
C Combien de personnes y a-t-il à l'arrêt d'autobus? Il y en a deux.
Complétez:
D Combien de cambrioleurs y a-t-il dans le bâtiment? Il ... (2).
E Combien d'agents de police y a-t-il devant le bâtiment? Il ... (3).
F Combien de personnes y a-t-il dans la camionnette? Il ...
G Combien de jours y a-t-il dans une semaine?

I *Ask and answer the above questions, and also:*
   Combien de personnes y a-t-il dans votre famille?

II A Où sont les voitures? Elles sont dans le parking.
    B Où sont les avions? Ils sont ...
    C–F. Posez la question et donnez la réponse.

Les jours de la semaine.
En France, le premier jour de la semaine est lundi (*Monday*).
Le deuxième jour de la semaine est mardi.
Le troisième jour est mercredi.
Le quatrième jour est jeudi.
Le cinquième jour est vendredi.
Le sixième jour est samedi.
Le septième et le dernier jour est dimanche.

III 1 Quel est le premier jour de la semaine en France ? C'est lundi.
    2 Quel est le quatrième jour ?
    3 Quel est le dernier jour ?
    4 Quel jour est-ce aujourd'hui ? C'est (mardi).
    5 Quel est le premier jour de la semaine en Angleterre ?

Conversation. Le temps.

–Quel temps fait-il aujourd'hui ?
–Il fait froid. Le ciel est gris.
–Est-ce qu'il pleut ?
–Non, pas encore, mais prends ton parapluie.
–Oui, et je mets aussi mon pardessus.

–Qu'est-ce que vous mettez quand il fait froid ?
–Je mets mon pardessus.
–Et quand il pleut ?
–Je mets mon imperméable, et je prends mon parapluie.

Vocabulaire

Combien de, *how much, many*
y a-t-il ? *is there, are there ?*
un parking, *car park*
le ciel, *sky*
une personne, *person*
un cambrioleur, *burglar*
un bâtiment, *building*
une camionnette, *van*
un jour, *day*
une année, *year*
une semaine, *week*
le dernier, *last*
ton, *your* (with relatives and friends)

aujourd'hui, *today*
le temps, *weather*
Quel temps fait-il ? *What's the weather like ?*
il fait froid, *it's cold*
gris, *grey*
il pleut, *it's raining*
Qu'est-ce que vous mettez ? *What do you put on ?*
quand, *when*
il fait du vent, *it's windy*
un imperméable, *raincoat*

Notes

(a) *Il y a* changes to *y a-t-il?* or *est-ce qu'il y a?* as a question.

(b) The answer to *Combien de ... y a-t-il?* is always *Il y en a* + number. (*En* = 'of them'). Learn the questions and answers.

(c) In Exercise II always begin the answers with *Ils* or *Elles*.

(d) Learn *Quel temps fait-il?* as a phrase, and *Il fait froid*.

(e) Days of the week begin with a small letter, except at the beginning of a sentence.

(f) Ordinal numbers: first, second, third, etc.

First = *premier* (feminine *première*).

Then add *-ième* to the usual number. If the number ends in *-e* omit this *-e*: e.g., *quatre, quatrième, onze, onzième*. (*Neuf* becomes *neuvième*, *cinq* becomes *cinquième*.)

Unit 16 (seize)

M. Lenoir part en voyage

Il monte vite dans sa voiture, et part pour la gare. Il s'arrête aux feux rouges. 'Je suis en retard. Le train part dans dix minutes. Mon Dieu, où est ma valise? ma serviette? mon sac? mon parapluie? mes gants? Ils sont sur le trottoir, devant la maison. Que je suis stupide! Tant pis! Je prends le prochain train!'

Il retourne à la maison, trouve ses affaires sur le trottoir, et repart pour la gare.

I   Répétez et apprenez:
(a) J'ai mon chapeau, etc.   (b) Il a son chapeau, sa valise, etc.

II 1 Est-ce qu'il part pour la gare à pied ou en voiture?
2 Où est-ce qu'il s'arrête?
3 Quand est-ce que le train part?
4 Où est sa valise? Elle . . .
5 Où est son sac? Il . . .
6 Où est-ce qu'il retourne?
7 Qu'est-ce qu'il trouve sur le trottoir?

Vocabulaire

j'ai, *I have, I've got*
il a, *he has*
un chapeau, *hat*
un gant, *glove*;
 mes gants, *my gloves*
une valise, *suitcase*
une carte d'identité, *identity card*
il monte, *he gets into (on)*
vite, *quickly*
il s'arrête, *he stops*
aux feux rouges, *at the red lights*

en retard, *late*
Mon Dieu! *Heavens!*
le trottoir, *pavement*
Que je suis stupide! *How stupid I am!*
Tant pis! *It can't be helped!*
prochain, *next*
il retourne, *he returns*
il trouve, *he finds*
ses affaires, *his belongings*
il repart, *he sets off again*

Notes

(a) *Aux* is the plural of *au, à l', à la*, 'at the', 'to the'; it is used with plural nouns, masculine or feminine.

(b) *mes gants, mes valises, mes affaires:*
 mes = 'my' (used with all plural nouns whether masculine or feminine).
 ses = 'his', 'her', or 'its' (all plural nouns): e.g., *ses gants, ses affaires*, 'his' or 'her gloves', 'things'.

Unit 17 (dix-sept)

L'heure, les mois, la date

L'heure—les minutes

1h. 5—une heure cinq (minutes)
2h. 10—deux heures dix
3h. 20—trois heures vingt
4h. 25—quatre heures vingt-cinq
5h. 35—cinq heures trente-cinq
6h. 40—six heures quarante
7h. 47—sept heures quarante-sept
8h. 55—huit heures cinquante-cinq
11h. 35—onze heures trente-cinq

I **Ecrivez en toutes lettres** (*Write in full*):
1h. 7; 2h. 12; 3h. 23; 4h. 29; 9h. 36; 10h. 42; 11h. 49.

Les mois: janvier, février, mars, avril, mai, juin, juillet.
Le huitième mois de l'année est août.
Le neuvième mois est septembre.
Le dixième mois est octobre.
Le onzième mois est novembre.
Le douzième mois est décembre.

II 1 Quel est le premier mois de l'année? C'est ...
2 Quel est le cinquième mois?
3 Quel est le onzième mois?
4 Quel est le dernier mois?
5 Combien de mois y a-t-il dans une année?

La date

1.1—le premier janvier   14.5—le quatorze mai
2.2—le deux février   21.9—le vingt et un septembre
10.3—le dix mars   31.12—le trente et un décembre

Quelle est la date de Noël?
C'est le vingt-cinq décembre.

*III Ecrivez la date en toutes lettres:
3.4; 11.6; 15.7; 19.9; 23.10; 25.11.
Quelle est la date aujourd'hui? C'est le . . .
Quelle est la date de la Fête Nationale en France? C'est le (14.7).
Quelle est la date de votre anniversaire?

IV Lisez et apprenez (*Write the dates in full*):
Mon anniversaire est le premier janvier.
L'anniversaire de mon père est (le 14 juin).
L'anniversaire de mon frère est (le 25 septembre).
L'anniversaire de ma mère est (le 15 décembre).
L'anniversaire de ma sœur est (le 25 février).
Now give the birthdays of your family.

Conversation. Le temps.

–Quel temps fait-il aujourd'hui?
–Il fait beau et il fait chaud. Le ciel est bleu.
–Bon, je mets ma robe bleue et je laisse mon parapluie à la maison.
–Quelle heure est-il?
–Il est huit heures vingt-cinq.
–Zut, je suis en retard.

–Qu'est-ce que vous mettez quand il fait chaud?
–Je mets ma robe (bleue, rouge etc.).
–Je mets une chemise et un short.

Vocabulaire

un mois, *month*
une minute, *minute*
Noël, *Christmas*
La fête nationale, *14th July*
(*anniversary of the taking of the Bastille*)
une fête, *festival*
un anniversaire, *birthday*
il fait beau, *it's fine*

il fait chaud, *it's hot*
une robe, *dress*
bleu(e), *blue* (un ciel bleu, une robe bleue)
je laisse, *I'll leave*
Zut! *Heavens!*
une chemise, *shirt*
un short, *pair of shorts*
lisez, *read*

Notes

(*a*) *Le onze* and *le onzième* (*e* of *le* not elided). Also *le huit* and *le huitième*.

(*b*) Dates:
The first = *le premier*. After this the usual number: *deux, trois* etc. (not *le troisième* as with days and months).

(*c*) Months: not capital letters except at the beginning of a sentence.

PART II

Unit 18 (dix-huit)

Le départ pour Paris

Les Lenoir vont à Paris. Madame Lenoir et Denise sont déjà dans le vestibule de leur appartement à Nice. Elles attendent un taxi. Mme Lenoir regarde par la fenêtre:

–Ah, voici notre taxi qui arrive. Moi, je suis prête. J'ai tout. J'ai ma valise, mon sac, mon manteau, mon parapluie, et mes gants. Mais où sont Papa et Marc? Jacques et Marc, où êtes-vous?

M. Lenoir:	Je suis dans la chambre.
Marc:	Je suis dans la salle de bain, maman.
Mme Lenoir:	Dépêchez-vous, les deux! Le taxi arrive. Vous êtes en retard.
M. Lenoir:	Bon, j'arrive tout de suite. (Il entre dans le vestibule avec son chapeau, sa serviette et sa valise. Il porte son pardessus.) Quel temps fait-il, chérie?
Mme Lenoir:	Il fait beau. Le baromètre monte et il fait déjà chaud.
M. Lenoir:	Alors j'enlève mon pardessus.
Mme Lenoir:	Bon. Voici Marc qui arrive, avec son imper et sa valise. (On frappe à la porte. 'Entrez', dit Mme Lenoir, et le chauffeur de taxi entre dans le vestibule.)
Le chauffeur:	Bonjour, monsieur. Les bagages, s'il vous plaît.
M. Lenoir:	Nous avons quatre valises.
Le chauffeur:	Bon. Je mets les valises dans le coffre. (Les Lenoir sortent de la maison, montent dans le taxi, et partent pour la gare.)

I   1 C'est l'appartement de la famille Laval?
    2 Est-ce que Mme Lenoir est dans la cuisine? Non, elle ...
    3 Qu'est-ce qu'elle voit par la fenêtre?
    4 Est-ce que Marc est déjà dans le vestibule?
    5 Où est son père?
    6 Quel temps fait-il?
    7 Est-ce que Marc porte un pardessus?
    8 Combien de valises y a-t-il?
    9 Où est-ce que le chauffeur met les valises?

II Répétez:
    (a) Vous avez vos valises?   Oui, nous avons quatre valises.
        Vous avez vos sacs?   Oui, nous avons deux sacs.
        Vous avez vos manteaux?   Oui, nous avons deux manteaux.
    (b) leur appartement   leurs sacs
        leur maison   leurs valises
    (c) Voici notre jardin, notre maison, notre garage, notre voiture.
        Voici nos valises, nos sacs, nos manteaux.

III Faites des phrases (make sentences):

(a)
Il entre	dans	le vestibule.
Elle entre		la chambre.
Ils entrent		la salle de bain.
Elles entrent		le salon.
		la cuisine.
Je suis		la salle à manger.
		l'hôtel.

(b)
Il sort	du vestibule.
Elle sort	du salon.
Ils sortent	de la cuisine.
Elles sortent	de la salle à manger.
	de la salle de bain.
	de la chambre.
	de l'hôtel.

(c)
Il monte	dans	le taxi.
Elle monte		le train.
Ils montent		la voiture.
Elles montent		la caravane.
		l'autobus.
		l'avion.

(d)

Il part	pour	Paris.
Elle part		la gare de Nice.
Ils partent		l'arrêt d'autobus.
Elles partent		la station de taxis.

(e) Il est prêt.
Elle est prête.
Je suis prêt(e).

(f) M. Lenoir et Marc ont une valise. Ils ont une valise.
Mme Lenoir et Denise ont un manteau. Elles ont un manteau.

IV Vous téléphonez pour un taxi:
–Allô, taxi-service?
–Oui, ici taxi-service.
–Je voudrais un taxi, 16 Avenue des Gobelins, pour aller à la Gare de Lyon.
–D'accord...dans cinq minutes.
–Merci bien, je vous attends.

V *You are going away on holiday. You check that you have everything you need.* 'J'ai ma valise etc.'

Vocabulaire

le départ, *departure*
déjà, *already*
un vestibule, *hall*
elles attendent, *they are waiting*
une fenêtre, *window*
par, *through*
notre, nos, *our*
prêt(e), *ready*
tout, *everything, all*
un manteau, *coat (woman's or girl's)*
une chambre, *bedroom*
une salle de bain, *bathroom*
dépêchez-vous, *hurry up*
j'enlève, *I'll take off*
on frappe, *(some)one knocks*

les bagages, *luggage*
le coffre, *car boot*
il (elle) sort, *he (she) goes out*
ils (elles) sortent, *they go out*
elle voit, *she sees*
votre, vos, *your*
leur, leurs, *their*
une cuisine, *kitchen*
une salle à manger, *dining-room*
un salon, *sitting-room*
pour (aller), *in order to (go)*
ici, *here*
porter, *to wear (to carry)*
Je vous attends, *I'm waiting for you*

Notes

(a) Irregular verb *avoir* = to have

j'ai, I have	*nous avons*, we have
il } *a*, he she } has *elle*	*vous avez*, you have *ils* } *ont*, they have *elles*

(*b*) There are two classes of verbs with infinitives in *–ir*.
Here we have *partir, sortir*: e.g., *je pars*

> *(tu pars)*
> *il part*   (See Verb
> *nous partons*   Tables)
> *vous partez*
> *ils partent*

N.B. As with *–er* verbs, the pronunciation of the three singular persons is the same, but a '*t*' sound is added throughout in the plural.

(*c*) The plural of *notre* is *nos* (our)
> *votre* is *vos* (your)
> *leur* is *leurs* (their)

They are used with plural nouns of either gender, masculine or feminine; e.g., Ex. II.

(*d*) Nouns which end in *–eau* in the singular add *–x* (instead of *–s*) in the plural; e.g., *un manteau, des manteaux* (coats)
un chapeau, des chapeaux (hats)

Unit 19 (dix-neuf)

A la gare (1)

Les Lenoir arrivent à la gare et descendent du taxi. M. Lenoir paie le taxi et donne un pourboire (quinze pour cent) au chauffeur.

M. Lenoir: Porteur! Où est le train pour Paris, s'il vous plaît?

Le porteur: 'Le Mistral', monsieur? Il est au quai 3.

M. Lenoir: Est-ce qu'il y a un wagon-restaurant?

Le porteur: Oui, monsieur.

M. Lenoir: Bon, voici nos bagages. Attendez-moi sur le quai. Je vais au guichet pour les billets.

Au guichet

M. Lenoir: Quatre billets pour Paris, première classe, s'il vous plaît.

L'employé: Aller simple ou aller (et) retour?

M. Lenoir: Aller et retour, monsieur.

L'employé: (mille huit cents) francs. Voici les billets.

M. Lenoir: Merci, monsieur.

L'employé: Vous prenez le Mistral, monsieur?

M. Lenoir: Oui, monsieur.

L'employé: Alors il y a un supplément de 40 francs par personne.

Sur le quai

Monsieur Lenoir montre les billets au contrôleur et ils passent sur le quai 3. Leur porteur attend avec leurs bagages.

M. Lenoir: Voici notre porteur, devant ce wagon. (Ils montent dans le train.)

Mme Lenoir: Voici des places libres.

M. Lenoir:	Porteur, mettez nos bagages dans le filet, s'il vous plaît.
Le porteur:	Bien, monsieur. (Il met les quatre valises dans le filet.)
M. Lenoir:	Voilà, monsieur. (Il donne un pourboire au porteur.)
Le porteur:	Merci, monsieur. Bon voyage.

I   Apprenez

(*a*) Voici | notre porteur.   Voici | notre maison.
            | nos bagages. | nos enfants.

     Voici | notre voiture.
           | nos vélos.

(*b*) Leur porteur   Leurs valises
     Leur chauffeur   Leurs billets
     Leur voiture   Leurs enfants

(*c*) Il donne | un pourboire | au chauffeur.
               | | au porteur.
               | sept cents francs | à l'employé.
               | un supplément |

     Il montre son billet au contrôleur.

(*d*) Attendre (*to wait for*)
     J'attends avec mes bagages.
     Il
     Elle | attend avec ses bagages.
     Nous attendons avec nos bagages.
     Ils
     Elles | attendent avec leurs bagages.

(*e*) Descendre (*to get out of*)
     Je descends | du taxi.
     Il
     Elle | descend | du train.
     Nous descendons | de la voiture.
     Ils descendent | de l'autobus.

(*f*) Mettez nos valises dans le filet.
     Je mets mes valises dans le coffre.
     Il met ses valises dans le filet.

Further oral practice

First conversation: change (a) destination, e.g. Marseille;
(b) platform number;
(c) wagon-restaurant to buffet or bar.
Second conversation: change number and class of tickets,
destination, 'aller simple', price.

Vocabulaire

descendre, *to get out (of), go down*
il paie, *he pays (for)*
il donne, *he gives*
un pourboire, *tip*
pour cent, *per cent*
un porteur, *porter*
un quai, *platform*
un wagon-restaurant, *restaurant car*
attendez-moi, *wait for me*
un guichet, *ticket-window*
aller simple, *single ticket*

aller (et) retour, *return ticket*
alors, *then*
un supplément, *surcharge*
il montre, *he shows*
un contrôleur, *ticket-collector*
ce, *this (with masculine nouns)*
une place libre, *unoccupied seat*
un filet, *luggage-rack*
un enfant, *child*
voilà, *there you are*

Notes

(a) Present tense of verbs with infinitive in *–re*. A few very common verbs are conjugated like *vendre* (e.g., *attendre*, *descendre*, Ex. I(d) and I(e)).

je vends	nous vendons
(tu vends)	vous vendez
il vend	ils vendent
elle vend	elles vendent

N.B. As with *–er* verbs, the **pronunciation** of the three singular persons is the same, but a '*d*' sound is added throughout the plural

Prendre (to take) is irregular in the present plural. *Nous prenons, vous prenez, ils prennent* (see lesson 14).

(b) *Attendez-moi* (wait for me)
   Donnez-moi (give me)   } The use of *moi* for 'me' will be discussed later.

Unit 20 (vingt)

A la gare (2)

Dans le train:

M. Lenoir:	A quelle heure est-ce que le train part?
Mme Lenoir:	A 9h. 30 (neuf heures trente).
M. Lenoir:	Quelle heure est-il maintenant?
Mme Lenoir:	Il est 9h. 15 (neuf heures quinze).
M. Lenoir:	Bon. Il y a beaucoup de temps avant le départ. Nous avons encore un quart d'heure. Je vais au kiosque. Je voudrais deux journaux—'Le Figaro' et 'France-Soir'. Et toi, chérie?
Mme Lenoir:	Je voudrais un magazine, 'Marie-Claire', s'il te plaît.
M. Lenoir:	Et toi, Denise? Un magazine aussi.
Denise:	Oui, papa. Je voudrais 'Quinze Ans'.
M. Lenoir:	Et toi, Marc?
Marc:	Je viens avec toi, papa.

Au kiosque:

La vendeuse:	Qu'est-ce que vous désirez, monsieur?
M. Lenoir:	'Le Figaro', 'France-Soir', 'Marie-Claire' et 'Quinze Ans'. Et toi, Marc?
Marc:	Je voudrais 'France-Football', et un roman policier. Ah! voilà un livre de Simenon—*Les Vacances de Maigret*. Je prends ça aussi.
M. Lenoir:	Bon. C'est combien en tout, madame?
La vendeuse:	Ça fait (vingt-cinq) francs, monsieur.

M. Lenoir lui donne (vingt-cinq) francs et regarde sa montre. 'Mon Dieu, il est 9h. 27 (neuf heures vingt-sept). Nous avons trois minutes seulement.' (Ils courent vite vers le quai No. 3.)

M. Lenoir:	Où sont les billets? Oh, ils sont dans la poche de mon pardessus qui est dans le train.
Le contrôleur:	Les billets, monsieur?
M. Lenoir:	Ah, pardon. Je ... je ... Ah, voici ma femme qui arrive avec les billets.

Les billets, monsieur...

Voici ma femme qui arrive avec les billets.

(Mme Lenoir court vers le contrôleur, et lui montre les billets.)
Le contrôleur: Très bien, dépêchez-vous. Le train part tout de suite.
(Ils montent vite dans le train.)

I   1 Combien de temps y a-t-il avant le départ du train?
    2 Où va M. Lenoir? Pourquoi? (Pour acheter...)
    3 Qui lui vend les journaux?
    4 Qu'est-ce que M. Lenoir donne à la vendeuse? (Ex. II(*b*))
    5 Pourquoi courent-ils vite vers le quai? Parce qu'ils ont trois...
    6 Où sont les billets de M. Lenoir?
    7 Qui montre les billets au contrôleur?
    8 Pourquoi montent-ils vite dans le train? Parce que...

II **Fluency practice**
    (*a*) Il y a beaucoup de | temps.
                             | livres.
                             | vin.
                             | magazines.
                             | journaux.

    (*b*) M. Lenoir donne vingt-cinq francs à la vendeuse.
          Il lui donne vingt-cinq francs.
          Mme Lenoir montre les billets au contrôleur.
          Elle lui montre les billets.

    (*c*) Comment | venez-vous | en classe?
                  | vient-il |

          Je viens | à pied
          Il vient | en voiture
          Nous venons | en autobus
                      | en scooter

Vocabulaire

beaucoup (de), *much, many*
le temps, *time (in this context)*
encore, *still, yet*
avant, *before (time)*
'Quinze Ans', '*15 Years Old*'
  (*magazine*)
Je viens, *I'm coming*
un roman policier, *detective novel*
voilà, *there is, there are*
une vendeuse, *saleswoman*

lui, *to him (or to her)*
une montre, *watch*
seulement, *only*
elle court, *she runs*
ils courent, *they run*
vers, *towards*
une poche, *pocket*
pourquoi? *why?*
parce que, *because*
pour (acheter), *in order to (buy)*

Notes

(a) Irregular verbs: (1) *venir* (to come) (See Ex. II(c))

(2) *courir* (to run) Il │ court   ils │ courent
                        Elle │   elles │

(b) Notice the position of the pronoun *lui* = to him, to her, in the sentence. (Ex. II(*b*)) It comes **before** the verb.

(c) *Toi* = │ vous (you) when speaking to relatives or close friends.
    Te = │ (*s'il te plaît*).

(d) *Un journal, des journaux.*

Unit 21 (vingt et un)

A Le 'Mistral' est un rapide qui fait le trajet de Paris à Nice, une distance de mille kilometres, en neuf heures. Dans ce train il y a deux wagons-restaurants, un bar, une boutique et un bureau pour les hommes d'affaires.

Les Lenoir sont assis confortablement dans le train. Madame Lenoir est assise dans un coin près de la fenêtre. Monsieur Lenoir est assis en face de sa femme. Dans un autre coin il y a un monsieur qui dort. Au bout d'une heure et demie un garçon de restaurant arrive. Il crie: 'Déjeuner, premier service à midi, deuxième service à une heure quinze.' M. Lenoir demande à sa famille: 'Est-ce que vous avez faim?' et sa femme répond: 'Oui, j'ai faim.' 'Moi aussi,' dit Marc, 'j'ai très faim.' Alors M. Lenoir dit au garçon: 'Premier service, s'il vous plaît, pour quatre.'

L'autre monsieur se réveille et dit aussi: 'Premier service.'

I 1 Où Mme Lenoir est-elle assise?
  2 Et M. Lenoir, où est-il assis?
  3 Que fait le monsieur qui est dans le coin?
  4 Qui arrive au bout d'une heure et demie?
  5 Qu'est-ce que M. Lenoir demande à sa famille?
  6 Qu'est-ce que Marc répond?
  7 C'est à quelle heure, le deuxième service de déjeuner?

Le voyage à Paris

B Après le déjeuner, les Lenoir retournent à leur compartiment. L'autre monsieur est déjà là. M. Lenoir lui parle.

M. Lenoir:	Est-ce que vous allez à Paris, monsieur?
L'étranger:	Oui, monsieur, je retourne à Paris.
M. Lenoir:	Alors vous habitez à Paris?
Le monsieur:	Oui, j'habite à Paris, mais c'est dans la banlieue.
M. Lenoir:	Vous avez un appartement?
Le monsieur:	Non, nous avons une petite maison. Et vous, monsieur, vous êtes Parisien?
M. Lenoir:	Non, nous habitons à Nice. Je viens à Paris pour affaires, mais ma femme, mon fils Marc et ma fille Denise viennent à Paris pour les vacances. Vous êtes homme d'affaires, monsieur?

Le monsieur: Non, je suis professeur dans un collège parisien.
J'enseigne l'anglais.

M. Lenoir: Vous êtes Français, monsieur?

Le monsieur: Non, je suis Anglais, mais ma femme est Française.
C'est pourquoi je travaille à Paris. Mais j'aime
beaucoup la vie parisienne.

(Après un trajet de neuf heures, ils arrivent à la Gare de Lyon.)

II   1   Est-ce que l'étranger habite à Nice? Non, il . . .

2   Est-ce qu'il habite dans un appartement?

3   Est-ce qu'il est homme d'affaires?

4   De quelle nationalité est-il? Il est . . .

5   De quelle nationalité est sa femme? Elle . . .

6   Pourquoi l'étranger travaille-t-il à Paris? Parce que . . .

7   Est-ce qu'il enseigne le français?

8   Est-ce que le train arrive à la Gare St Lazare? Non, il . . .

9   Combien de temps dure le trajet? Il dure . . .

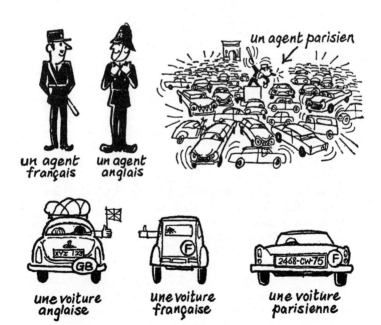

un agent parisien

un agent
français

un agent
anglais

une voiture
anglaise

une voiture
française

une voiture
parisienne

III Répétez et apprenez:

(a) Un agent	français	une voiture	anglaise
	anglais		française
	parisien		parisienne

(b) Il parle	français	et il	enseigne	le français.
	anglais		apprend	l'anglais.

IV Faites des phrases:

(a) Je viens	à Paris	pour affaires.
Il vient	à Londres	pour visiter les monuments.
Elle vient		pour les vacances.
Ils viennent		en train.
		en voiture.

(b) J'ai	une maison à Paris.
Nous avons	un appartement à Londres.
Vous avez	un fils et une fille.
Ils ont	un père et une mère.
	un frère et une sœur.
	un garage et une voiture.

(c) J'habite	à Paris.
Il habite	à Londres.
Nous habitons	à Nice.
Ils habitent	

(d) Etes-vous	Français? Non, je suis Anglais.
	professeur? Non, je suis étudiant.
	étudiant? Non, je suis homme d'affaires.

V *Change into the* **Est-ce que** *form of question:* e.g., *Allez-vous à Paris?—Est-ce que vous allez à Paris?*

1 Apprenez-vous l'anglais?
2 Travaillez-vous dans une école?
3 Habitez-vous à Londres?
4 Enseignez-vous le français?
5 Parlez-vous français?
6 Retournez-vous à la maison?
7 Vous êtes Français?

Vocabulaire

un rapide, *express train*
un trajet, *journey*
mille, *thousand*
une boutique, *shop*
confortablement, *comfortably*
près de, *near*
autre, *other*
il dort, *he is sleeping*
au bout de, *at the end of*
il crie, *he shouts*
Est-ce que vous avez faim? *Are you hungry?*
il se réveille, *he wakes up*

après, *after*
une banlieue, *suburb*
parler, *to speak*
petit(e), *little*
Parisien(ne), *parisian*
un professeur, *teacher*
enseigner, *to teach*
j'aime, *I like*
la vie, *life*
Combien de temps? *How long?*
durer, *to last*
apprenez-vous? *are you learning?*

Notes

(a) *Pour* + infinitive = in order to
   e.g., *pour visiter les monuments*
          pour apprendre le français
   (otherwise *pour* = for)
(b) *'le'* is omitted with *'parler'* when talking about languages: e.g., *Je parle anglais*; but *J'enseigne l'anglais.*
(c) *Un professeur de français* – a teacher of French.
   Un professeur français – a teacher of French nationality.
(d) Languages and adjectives of nationality are written with a small letter: e.g., *le français, un livre français*
   But people (inhabitants) usually have a capital letter.
   Un Anglais, une Anglaise
   Je suis Français (I'm a Frenchman)
(e) Adjectives of nationality follow the nouns (See Ex. III).
(f) *Moi, j'ai faim. Moi* is added for emphasis: 'As for me.'

Unit 22 (vingt-deux)

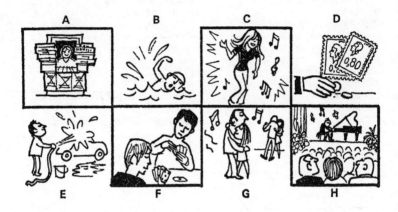

A Où allez-vous ce matin? Je vais au kiosque.
  Qu'est-ce que vous allez faire? Je vais acheter un journal.

B Où allez-vous cet après-midi? Je vais à la piscine.
  Qu'est-ce que vous allez faire? Je vais nager.

C Où allez-vous ce soir? Je vais à la discothèque.
  Qu'est-ce que vous allez faire? Je vais écouter des disques et danser.

D Où allez-vous ce matin? Je vais au bureau de poste.
  Qu'est-ce que vous allez faire? Je vais acheter des timbres.

E Où allez-vous cet après-midi? Je vais au garage.
  Qu'est-ce que vous allez faire? Je vais nettoyer la voiture.

F Où allez-vous ce soir? Nous allons à la Maison des Jeunes.
  Qu'est-ce que vous allez faire? Nous allons jouer aux cartes.

G Où allez-vous ce soir? Nous allons au bal (au dancing).
  Qu'est-ce que vous allez faire? Nous allons danser.

H Où allez-vous cet après-midi? Nous allons à la salle de concert.
  Qu'est-ce que vous allez faire? Nous allons écouter un concert.

I Apprenez les questions et les réponses A–H.

II (a) Qu'est-ce qu'il va faire?
    A. Il va acheter un journal.
    B–E. **Complétez.**

(*b*) Qu'est-ce qu'ils vont faire?
  F. Ils vont jouer aux cartes.
  G–H. **Complétez.**

III Fluency practice

Je vais	acheter un journal.
Je voudrais	écouter des disques.
Nous allons	prendre un café.
Il va	boire du vin.
Elle va	partir à sept heures.
Ils vont	sortir ce soir.
Elles vont	attendre l'autobus.
	descendre du taxi.
	regarder la télévision.

IV Qu'est-ce que vous allez faire samedi prochain, le matin, l'après-midi, le soir?

Les saisons

Le printemps commence le 21 mars et finit le 21 juin.
L'été commence le 22 juin et finit le 22 septembre.
L'automne commence le 23 septembre et finit le 21 décembre.
L'hiver commence le 22 décembre et finit le 20 mars.
Qu'est-ce que vous allez faire *au* printemps?
–Je vais faire des promenades à la campagne.
Qu'est-ce que vous allez faire *en* été?
–Je vais partir en vacances.
Qu'est-ce que vous allez faire *en* automne?
–Je vais aller à la pêche.
Qu'est-ce que vous allez faire en hiver?
–Je vais faire du ski.

Vocabulaire

un matin, *morning*
un après-midi, *afternoon*
un soir, *evening*
nager, *to swim*
écouter, *to listen to*
un disque, *record*
danser, *to dance*
le bureau de poste, *post-office*
un timbre, *stamp*
nettoyer, *to clean*
la Maison des Jeunes, *Youth Centre*

jouer aux cartes, *to play cards*
un bal, un dancing, *dance*
prendre, *to take*
boire, *to drink*
commencer, *to begin*
finir, *to finish*
la campagne, *country(side)*
la pêche, *fishing*
faire du ski, *to go skiing*
Qu'est-ce que vous allez faire? *What are you going to do?*

Notes

(a) The Immediate Future, e.g., 'I'm going to swim', *je vais nager*, is formed by using the Present tense of *aller* (to go) followed by the infinitive. Most infinitives in French end in *–er*, some in *–re*, e.g., *attendre* and a few in *–ir*, e.g., *sortir, finir*. There are also a number of irregular verbs. (See verb tables.)

(b) The infinitive is also used after other auxiliary (or helping) verbs: e.g., *je voudrais sortir*, as in Ex. III.

(c) Demonstrative adjective, 'this', 'that'. *Ce* agrees with the noun it qualifies, e.g., *ce matin, ce soir, ce garçon, ce taxi* (masculine singular); *cet après-midi, cet hôtel* (masculine singular before a vowel or *h*).

Unit 23 (vingt-trois)

A l'hôtel

Les Lenoir arrivent à Paris. Ils vont passer deux semaines dans la capitale française. Ils arrivent en taxi à l'Hôtel Central. Ils vont à la réception.

M. Lenoir: Bonjour, madame. J'ai réservé deux chambres avec salle de bain.

La gérante: Oui, monsieur. Quel est votre nom?

M. Lenoir: Lenoir.

La gérante: Ah oui. Deux chambres à deux lits, pour une quinzaine. C'est exact, monsieur?

M. Lenoir: Oui, madame. Une chambre pour ma femme et ma fille, et l'autre pour mon fils et moi. Je voudrais voir les chambres maintenant.

La gérante: Bien, monsieur. Les chambres sont au troisième étage, le douze et le treize. Elles sont très calmes et très propres. Voici l'ascenseur. (Ils montent au troisième.)

M. Lenoir: A quelle heure est le dîner?

La gérante: De sept heures à dix heures du soir, monsieur.

M. Lenoir: Et le petit déjeuner?

La gérante: De sept heures à dix heures du matin, monsieur. On peut prendre le petit déjeuner ou au restaurant, ou dans la chambre.

M. Lenoir: Je préfère prendre le petit déjeuner dans la chambre.

La gérante: A quelle heure prenez-vous le petit déjeuner?

M. Lenoir: A sept heures et quart.

La gérante: Bien, monsieur. Voici les deux chambres. Elles sont ensemble.

M. Lenoir: Ça va très bien, merci. (Il regarde sa montre.) Il est maintenant sept heures. Nous allons dîner dans une demi-heure.

I   1   Combien de personnes y a-t-il dans la famille Lenoir?
      2   Combien de temps vont-ils rester à Paris?
      3   Comment font-ils le trajet de la gare à l'hôtel?
      4   Qu'est-ce que M. Lenoir voudrait voir?
      5   A quel étage sont les chambres? Elles . . .
      6   Est-ce qu'ils montent au troisième étage par l'escalier?
      7   A quelle heure vont-ils dîner?

8 A quelle heure vont-ils prendre le petit déjeuner?
9 Où est-ce qu'ils vont prendre le petit déjeuner?
10 Et vous, à quelle heure prenez-vous le petit déjeuner?
11 Quelle est la capitale de la France?
12 Quelle est la capitale de l'Angleterre?

II Fluency practice

(a)
Je voudrais	voir les chambres.
Je vais	prendre le petit déjeuner dans la chambre.
On peut	dîner au restaurant.
Nous allons	dîner dans une demi-heure.
Je préfère	monter par l'escalier.

(b) Quel est votre nom? Quel est le numéro? Quelle est votre adresse? Quel est le prix? Quel jour est-ce? Quelle heure est-il?

III Vous arrivez à un hôtel. Vous voulez une chambre à un grand lit, avec douche. Vous demandez le numéro de la chambre, l'étage, l'heure du dîner, l'heure du petit déjeuner, où on peut prendre le petit déjeuner, s'il y a un ascenseur, et enfin le prix de la chambre. Ecrivez (*write*) une petite conversation.

IV Fluency practice

Avez-vous	une chambre	à un lit	pour	ce soir?
Je voudrais	tranquille	à un grand lit		trois nuits?
		à deux lits		une semaine?
		avec salle de bain		une quin-
		avec douche		zaine? etc.
		avec vue sur la mer		
		avec téléphone		
		avec chauffage central		

Students in pairs make different hotel bookings, using the above.

Vocabulaire

la réception, *reception desk*
J'ai réservé, *I have booked*
un nom, *name*
une gérante, *manageress*
un lit, *bed*
tranquille, *quiet*
une quinzaine, *fortnight*
un étage, *storey, floor*
calme, *quiet*
propre, *clean*
un ascenseur, *lift*

un dîner, *dinner*
on peut, *one can* (pouvoir)
je préfère, *I prefer*
un escalier, *staircase*
un grand lit, *double bed*
une douche, *shower*
une vue, *view*
le chauffage central, *central heating*
rester, *to remain*
si, *if*

Notes

(a) Ex. II(a). *On peut* is followed by the infinitive. See Unit 22 Note (b).
(b) Ex. II(b). *Quel, quelle* is an adjective and agrees with the noun it qualifies or to which it refers.

Unit 24 (vingt-quatre)

Le petit déjeuner

M. Lenoir et son fils sont au lit. Il est sept heures et quart du matin.
On frappe à la porte.

M. Lenoir:	Qu'est-ce que c'est?
La femme de chambre:	Le petit déjeuner, monsieur.
M. Lenoir:	Entrez. (La femme de chambre entre. Elle tient un plateau.)

La femme de chambre:	Voici votre petit déjeuner.
M. Lenoir:	Merci bien. Mettez le plateau sur cette table, entre les deux lits, s'il vous plaît. Il y a des croissants? J'aime beaucoup les croissants.
La femme de chambre:	Oui, monsieur.
Marc:	Il y a du sucre?
La femme de chambre:	Oui, dans le petit bol.

(Elle sort de la chambre.)

Sur le plateau il y a deux tasses, deux soucoupes, deux couteaux, deux
cuillères et deux assiettes. Les croissants et le pain sont dans une
corbeille. Le café est dans une cafetière. Dans un petit pot il y a de
la crème. Il y a aussi du beurre qui est dans quatre petits paquets et
de la confiture qui est dans deux petits pots en plastique.

Marc:	J'ai très faim ce matin, papa.
M. Lenoir:	Moi aussi. Et j'ai soif aussi.
Marc:	Où vas-tu aujourd'hui?
M. Lenoir:	Je vais au bureau du président de notre société. Et toi? Qu'est-ce que tu vas faire?
Marc:	Moi, je vais faire une promenade dans la ville.

M. Lenoir: Tu as de la chance. Maman et Denise vont visiter les Grands Magasins. Nous allons tous déjeuner ensemble au Restaurant 'L'Entrecôte', Boulevard des Italiens n'est-ce pas?

Marc: Oui. A quelle heure?

M. Lenoir: A une heure.

I Qu'est-ce qu'il y a dans │ la corbeille? (Des croissants et du pain.)
│ la cafetière?
│ le petit bol?
│ le petit pot?
│ les quatre petits paquets?
│ les deux petits pots en plastique?

II 1 Quelle heure est-il?
2 Où sont M. Lenoir et son fils?
3 Qu'est-ce qu'ils attendent?
4 Qui frappe à la porte?
5 Où est-ce qu'elle met le plateau?
6 Qu'est-ce que M. Lenoir demande? Il demande s'il y a ...
7 Qu'est-ce que Marc demande?
8 Qu'est-ce que Mme Lenoir et Denise vont faire? Elles ...
9 Qu'est-ce que M. Lenoir va faire?
10 Qu'est-ce que Marc va faire?

III Apprenez
(*a*) M. Lenoir a faim. │ Ils ont faim.
Marc a faim.
─────────────────────
M. Lenoir a soif. │ Ils ont soif.
Marc a soif.

(*b*) Ce café est (trop) chaud, froid.
Cette table est (trop) grande, petite.

Ce café est trop chaud!   Cette table est trop grande

Vocabulaire

une femme de chambre, *chamber maid*	de la crème, *cream*
elle tient, *she is holding* (tenir)	du beurre, *butter*
entre, *between*	de la confiture, *jam*
du sucre, *sugar*	plastique, *plastic*
un bol, *dish*	un voyage, *journey*
un couteau, *knife*	J'ai soif, *I'm thirsty*
une cuillère, *spoon*	une société, *business company*
une assiette, *plate*	faire une promenade, *to go for a walk*
du pain, *bread*	la chance, *luck*
une corbeille, *basket*	tous (*plural of* tout), *all*
une cafetière, *coffee-pot*	trop, *too (much or many)*

Notes

(a) Partitive article *de la* (some): *de la crème, de la confiture*. With feminine singular nouns use *de la* (*de l'* before a vowel or *h*). See Unit 12, note (a).

(b) *Tu* is used instead of *vous* with family and close friends.

   e.g., *Où vas-tu?* instead of *Où allez-vous?*

   Tu parles for *Vous parlez*.

   (*Tu* is used with the second singular of the verb which is almost always pronounced like the first singular. (*Aller, avoir,* and *être* are exceptions.)

(c) Adjectives usually add *-e* to form the feminine,

   e.g., *un petit bol   une petite table*

   un grand bol   une grande bouteille

   Adjectives usually add *-s* to form the plural,

   e.g., *un petit paquet   deux petits paquets*

   une grande table   deux grandes tables

(d) *cette* = this, that, with feminine nouns,

   e.g., *cette table* (this or that table) *cette voiture, cette maison*. (See Unit 22, note (c))

(e) *Un couteau, des couteaux*

   un plateau, des plateaux

Unit 25 (vingt-cinq)

A   Madame Lenoir entre dans 'Les Grandes Galeries' avec sa fille Denise.

Elle veut acheter un parapluie.

Elle demande à une vendeuse:

   'Pardon, mademoiselle, où est le rayon des parapluies, s'il vous plaît?'

   'C'est au premier étage. Prenez l'ascenseur. Il est par là.'

Elles montent au premier étage et sortent de l'ascenseur. Elles cherchent un peu et puis elles trouvent le rayon des parapluies.

Le vendeur de parapluies: 'Que désirez-vous, madame?'

Mme Lenoir: 'Je voudrais un parapluie élégant mais robuste.'

Le vendeur: 'Voilà un beau parapluie jaune, madame. Il est très robuste.'

Mme Lenoir: 'Oui, monsieur, mais je préfère le bleu.'

Le vendeur: 'Alors voici un bleu.'

Mme Lenoir: 'Il est cher?'

Le vendeur: 'Non, madame, il est bon marché parce qu'il est en solde.'

Mme Lenoir: 'C'est combien?'

Le vendeur: '30 francs, madame.'

Mme Lenoir: 'Bon, donnez-moi ça.'

Le vendeur: 'Merci, madame, payez à la caisse, s'il vous plaît.'

B   Denise veut acheter une robe. Elle demande au vendeur de parapluies:

   'Où est-ce que je peux trouver les robes, s'il vous plaît?'

   'C'est au deuxième étage, mademoiselle. Prenez l'escalier roulant par là.'

Elles montent l'escalier roulant jusqu'au deuxième étage et trouvent le rayon des robes.

   'Je voudrais une robe rouge,' dit Denise.

Mme Lenoir: 'Cette robe rouge est belle, n'est-ce pas?'

Denise: 'Oui, elle est très belle.'

La vendeuse: 'Essayez-la, mademoiselle, si vous voulez.'

Denise essaye la robe, mais elle est trop longue. 'Quel dommage!' dit-elle, et elle enlève la robe.

La vendeuse: 'Voici une robe rouge qui est plus courte. Essayez-la, mademoiselle.'

Denise essaye la robe. 'Ça va très bien,' dit-elle. 'Je prends cette robe, mademoiselle.'

I 1 Qu'est-ce que Mme Lenoir veut acheter? Elle...
    2 Qu'est-ce que Denise veut acheter?
    3 Où est le rayon des parapluies?
    4 Où est le rayon des robes?
    5 Quelle sorte de parapluie est-ce que Mme Lenoir veut acheter?
    6 Quelle sorte de robe est-ce que Denise veut acheter?
    7 Quelle robe est plus courte, la première ou la deuxième? La...
    8 Est-ce que le parapluie de Mme Lenoir est cher ou bon marché?

II Fluency practice

(*a*) Où est-ce que je peux trouver | les robes?
                                    les gants?
                                    les parapluies? etc.

(*b*) C'est combien	ce chapeau?
Mettez	ce pardessus.
Essayez	cette robe.
Enlevez	ces gants.

(*c*) Il est	plus	grand.	Elle est	plus	grande.
	trop	petit.		trop	petite.
	très	court.		très	courte.
		long.			longue.
		jaune.			jaune.

(*d*) Ce parapluie est beau, cette robe est belle.

III *You visit a 'Grand Magasin'. You wish to buy a hat or coat or other item. Invent a conversation with the* vendeuse.

Vocabulaire

elle veut, *she wants* (vouloir)	la caisse, *cash desk*
le rayon, *department, counter*	un escalier roulant, *moving stairs*
chercher, *to look for*	jusqu'au (à la), *up to, as far as*
un peu, *a little*	beau (belle), *beautiful*
robuste, *strong*	Essayez-la, *try it on* (essayer)
un vendeur, *salesman*	long, longue, *long*
jaune, *yellow*	plus, *more* (plus grand, *bigger*)
un bleu, *a blue one*	court(e), *short*
cher, *dear* (*fem.* chère)	un pantalon, *pair of trousers*
bon marché, *cheap*	vous voulez, *you want*
en solde, *bargain*	

Notes

(a) As with *elle peut acheter*, so *elle veut acheter*, *je veux acheter*; *elle veut aller*, *je veux aller*, etc.

(b) *un parapluie jaune*. Adjectives of colour follow the noun. *Une robe rouge*, *un sac bleu*.

(c) *Essayez-le* | (Try it on.) *Le* and *la* = it, in this case. More practice later.
Essayez-la |

(d) Demonstrative adjectives.

Ce *chapeau*. Masculine singular. | (This or that)
Cette *robe*. Feminine singular. |

Ces *gants*. | Masculine and | (These or those)
Ces *robes*. | Feminine plural |

In lesson 22 we had *cet après-midi*. Use *cet* instead of *ce* with a masculine noun beginning with a vowel or *h* mute: e.g., *cet enfant*, *cet avion*, *cet homme*.

(e) Comparison of adjectives.

grand = big; *plus grand* = bigger
petit = small; *plus petit* = smaller, etc.

(f) Adjectives ending in *-e* in the masculine singular are unchanged in the feminine: e.g., *un sac rouge*, *une robe rouge*.

(g) Some irregular feminine adjectives:

un beau parapluie	*une belle robe*
ce pantalon est long	*cette robe est longue*
un sac blanc	*une serviette blanche*
ce chapeau est cher	*cette robe est chère*
le premier homme	*la première femme*

Vocabulary for reference

Quelle taille faites-vous? *What's your size?*	un ensemble, *outfit*
Je fais du 40. *It's 40.*	un tailleur, *costume*
la taille moyenne (normalisée), *standard size*	un corsage, *blouse*
	une veste, *jacket*
le rayon confection, *ready to wear department*	Vous êtes servi(e)? *Are you being served?*
un salon d'essayage, *fitting-room*	Quelle pointure faites-vous? *What's your size? (shoes)*
un complet, *suit*	Je fais du 39. *I take 39's.*

Unit 26 (vingt-six)

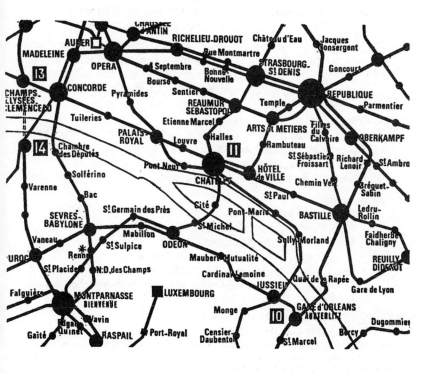

Marc sort de l'hôtel.

Marc:

Qu'est-ce que je vais faire?

D'abord je vais à la Place St Michel.

Qu'est-ce que je vais prendre? Un taxi? C'est trop cher. Un autobus? C'est trop lent. Le métro va plus vite. Je prends donc le métro. C'est moins cher. Avec le même billet on peut aller partout, et si on achète un carnet chaque billet est moins cher.

(Il descend rapidement dans la station et va au guichet.)

'Un carnet de seconde, s'il vous plaît.'

(Il voit un plan du métro au mur, et lit les noms des stations.)

Je suis à la Gare de Lyon. Je vais à la Place St Michel. Je cherche le nom de la station: 'St Michel'. J'appuie sur le bouton, et je

regarde: Direction Montparnasse-Châtelet. Je change à Châtelet et puis c'est direct.
(Il montre son billet au contrôleur et il passe sur le quai.)

Le train s'arrête à 'Châtelet' et il change de train. Il descend à 'St Michel'. Il monte le boulevard St Michel et s'arrête dans quelques librairies où il achète des livres d'occasion. Enfin, fatigué, il s'arrête au Café des Etudiants et cherche une table libre sur la terrasse. Alors le garçon arrive et dit: 'Qu'est-ce que vous désirez, monsieur?'
'Un café-crème, s'il vous plaît.'
Il boit lentement son café, regarde ses livres, et commence à lire. Dix minutes plus tard trois étudiants s'installent à sa table.
'Vous permettez, monsieur? Les autres tables sont occupées.'
'Bien sûr,' dit Marc, et il continue à lire.

I Apprenez:
1 Est-ce qu'il prend un taxi?
   Non. Pourquoi pas? Parce que c'est trop cher.
2 Est-ce qu'il prend un autobus?
   Non. Pourquoi pas? Parce que c'est trop lent.
3 Pourquoi est-ce qu'il prend le métro?
   Parce que c'est plus vite (qu'un autobus) et moins cher (qu'un taxi).
4 Pourquoi est-ce qu'il achète un carnet?
   Parce que chaque billet est moins cher.
5 Pourquoi est-ce qu'il s'arrête dans des librairies?
   Parce qu'il veut acheter des livres d'occasion.
6 Pourquoi est-ce qu'il s'installe à la terrasse d'un café?
   Parce qu'il est fatigué.
7 Pourquoi est-ce que les trois étudiants s'installent à sa table?
   Parce que les autres tables sont occupées.

II 1 Qu'est-ce qu'on peut faire avec le même billet dans le métro?
   2 Où est-ce qu'il achète un billet?
   3 Est-ce qu'un carnet de seconde classe est plus cher ou moins cher qu'un carnet de première classe? Il . . .
   4 Qu'est-ce qu'il regarde pour trouver sa route?
   5 Où va-t-il changer de train? A . . .
   6 Où va-t-il descendre? A . . .
   7 Où est-ce qu'il s'arrête d'abord dans le boulevard St Michel?
   8 Qu'est-ce qu'il cherche sur la terrasse d'un café?

9 Est-ce qu'un livre d'occasion est plus cher ou moins cher qu'un livre neuf? Il ...

10 Est-ce qu'il boit son café vite ou lentement?

11 Qu'est-ce qu'il commence à faire?

III Fluency practice

Je vais	aller à la Place St Michel.
Je peux	prendre le Métro.
Je veux	acheter un carnet.
On peut	aller partout.
	changer à Châtelet.
	acheter des livres d'occasion.
	boire un café-crème.

Faites 15 phrases.

IV Apprenez:

(a) C'est | trop | lent.
         | moins | vite.
         | plus | cher.

(b) Il commence à | marcher.
    Il continue à | lire.
                  | boire.
                  | parler.

Cette place est prise.

Cette table est libre.

(c) Cette table est occupée.
    Cette place est prise.
    Cette table est libre.
    Cette place est libre.

(d) Un taxi va plus vite qu'un autobus.
Un taxi est plus cher qu'un autobus.
Un autobus va plus lentement que le métro.
Le métro est moins cher qu'un taxi.

Vocabulaire

lent(e), *slow*
donc, *therefore, so*
même, *same (in this context)*
partout, *everywhere*
un carnet, *book of tickets*
chaque, *each*
rapidement, *rapidly*
j'appuie, *I press*
le bouton, *button*
un livre d'occasion, *secondhand book*
un livre neuf, *new book*

fatigué(e), *tired*
lentement, *slowly*
plus tard, *later*
ils s'installent, *they instal themselves*
Vous permettez? *You permit me? Do you mind?*
occupé(e), *occupied, taken*
bien sûr, *of course*
Pourquoi pas? *Why not?*
plus ... que, *more than*
moins ... que, *less than*

Notes

(a) Adverbs: see Grammar Summary, p. 200.
(b) *second(e)*: the **c** is pronounced like the English hard g, as in 'get'.

Unit 27 (vingt-sept)

Les étudiants qui sont assis à la même table que Marc sont des étrangers. Ils parlent français assez bien, mais avec des accents différents. L'un parle avec un accent italien, le deuxième avec un accent anglais et le troisième avec un accent allemand. Marc est curieux et il leur parle:

Marc: Pardon, messieurs, vous êtes des étrangers, n'est-ce pas?

L'Italien: Oui, monsieur. Nous sommes étudiants. Nous apprenons le français à l'Ecole Unique de Français. Permettez-moi de présenter mes deux amis. Voici John Robinson, qui est Anglais. Voici Hans Friedmann, qui est Allemand, et moi je m'appelle Carlo Bianchi, et je suis Italien.

Marc: Enchanté, messieurs, mais vous parlez déjà bien le français.

Carlo: Nous sommes à Paris depuis une année déjà.

Marc: Pendant combien de temps allez-vous y rester?

John: Encore une année. Nous aimons beaucoup Paris.

Marc: Moi aussi. J'habite à Nice et je suis à Paris depuis hier seulement. Je vais y rester encore deux semaines. Mais maintenant je vous quitte. Je vais déjeuner avec la famille. Bonne chance pour cette année. Au revoir, messieurs.

I Faites des phrases:

(a)

J'apprends Il apprend Nous apprenons Ils apprennent	le français l'italien l'allemand l'anglais	depuis	un mois six mois une année	déjà.
J'habite Je suis Nous sommes	à Paris	depuis		

(b) *Ask the questions:*

De quelle nationalité	êtes-vous? est-il?

Je suis	Français.	Nous sommes	Allemands.
Il est	Italien.	Vous êtes	Anglais.

(c) Pendant combien de temps allez-vous rester à | Paris?
Londres?
Bonn?
Rome?

Je vais | y rester | une semaine.
Nous allons | | une quinzaine.
| | un mois.
| | une année.

II Vous arrivez à Paris. Qu'est-ce que vous allez visiter, acheter?
Say or write a few sentences beginning: 'Je vais . . .'

Pour aller au Restaurant 'l'Entrecôte', où il va déjeuner avec sa famille, Marc prend l'autobus. Il va au prochain arrêt. En route il voit un agent.

–Pardon, monsieur l'agent, c'est quel bus pour le boulevard des Italiens?

–C'est le 16, monsieur.

L'autobus 16 arrive dans cinq minutes et il y monte. C'est le conducteur qui vend les billets. Marc demande: 'Pour aller au Restaurant 'l'Entrecôte', boulevard des Italiens, c'est combien de tickets?

–Quatre tickets, monsieur.

Marc lui donne quatre tickets de son carnet. Quand l'autobus s'arrête dans le boulevard des Italiens Marc demande au conducteur:

–Est-ce que je descends ici, monsieur?

–Non, monsieur, pas encore. Au prochain arrêt.

Marc descend au prochain arrêt, et trouve facilement le restaurant.

Vocabulaire

assez, *enough*
assez bien, *fairly well*
un Italien, *Italian*
un Allemand, *German*
curieux(-euse), *curious*
messieurs, *plural of* monsieur
leur, *to them (see Notes)*
depuis, *since*
Pendant combien de temps? *How long?*
pendant, *during*

hier, *yesterday*
seulement, *only*
J'apprends le français depuis un mois,
   I've been learning French for a month
maintenant, *now*
Je vous quitte, *I'll leave you*
le conducteur, *bus driver*
pas encore, *not yet*
facilement, *easily*

Notes

(a) *leur*, 'to them', masculine and feminine. As with *lui*, 'to him', 'to her' it precedes the verb.

E.g., *Il leur parle* (he speaks to them).

Il leur donne un verre de vin.

(b) *depuis:*

Note carefully the meaning of the present tense after *depuis*.

E.g. *Je suis à Paris depuis hier.*

I **have been** in Paris since yesterday.

Nous **sommes** *à Paris depuis une année.*

We **have been** in Paris for a year. (See Ex. I(*a*))

J'apprends le français **depuis** *un mois.*

I **have been** learning French for a month.

Unit 28 (vingt-huit)

Au Restaurant l'Entrecôte

M. Lenoir: Une table pour quatre, s'il vous plaît. Où peut-on s'installer?

La serveuse: Voici une table près de la fenêtre.

M. Lenoir: Merci, ça va très bien. Donnez-moi la carte, s'il vous plaît.

La serveuse: Voici la carte, monsieur. Il y a un menu touristique à (25 francs) et un menu gastronomique à (45 francs). Il y a aussi le plat du jour à (12 francs).

M. Lenoir: Nous prenons le menu touristique. L'autre est trop cher.

Mme Lenoir: Qu'est-ce qu'il y a pour commencer?

M. Lenoir: Il y a une salade de tomates, des œufs mayonnaise, un pâté de campagne ou du potage.
Moi, je prends du pâté.

Denise: Je prends une salade de tomates.

Marc: Pour moi, du potage.

Mme Lenoir: Moi aussi je prends du potage.

La serveuse: Et après, qu'est-ce que vous prenez?

Mme Lenoir: Il y a du poulet rôti, du bifteck avec des frites, une entrecôte, du rôti de bœuf, ou une escalope garnie. Qu'est-ce qu'il y a comme légumes, mademoiselle?

La serveuse: Il y a des frites, des haricots verts, des petits pois ou des pâtes.

M. Lenoir: Pour moi, une entrecôte avec des petits pois.

Mme Lenoir: Je prends l'escalope garnie avec des haricots verts.

Marc: Moi aussi.

Denise: Je voudrais une omelette au jambon, mademoiselle, avec des frites. C'est possible?

La serveuse: Mais oui, mademoiselle, bien sûr. Et comme boisson?

M. Lenoir: Une carafe de rosé.

La serveuse: Bien, monsieur.

Ensuite ils mangent du fromage avec du pain et enfin des fruits.

'Quel bon repas!' dit Marc.

'Oui, quelle, délicieuse omelette!' dit Denise.

'On mange toujours bien ici,' dit M. Lenoir.

I   Lisez et apprenez:
Le petit déjeuner est le repas qu'on prend le matin.
Le déjeuner est le repas qu'on prend à midi.
Le dîner est le repas qu'on prend le soir.

II   Fluency practice

Je prends	le plat du jour.
Il prend	le menu touristique.
Nous prenons	du potage.
Vous prenez	une salade de tomates.
Ils prennent	du rôti de poulet.
Je voudrais	du pâté.
	du fromage.
	des fruits.

III   Qu'est-ce que vous préférez?
1 du potage ou du pâté? Je préfère ...
2 du poisson ou de la viande?
3 du rôti de veau ou du rôti d'agneau?
4 du bœuf haché ou un steak (un bifteck)?
5 du poulet ou du porc?
6 des frites ou des pommes nature?
7 des haricots verts ou des choux de Bruxelles?
8 des carottes ou des petits pois?
9 du vin blanc ou du vin rouge?
10 une tarte ou une glace?

IV Choisissez un menu à votre goût (*to your taste*).

Vocabulaire (*mainly for reference*)

la carte, *menu*
le menu touristique, *menu for tourists (usually reasonably cheap)*
le menu gastronomique, *expensive menu for gourmets*
le plat du jour, *a main course dish (cheaper), today's speciality*
une tomate, *tomato*
un potage, *soup*
un repas, *meal*
un steak-frites, *steak and chips*
du rôti de bœuf, *roast beef*
du poulet, rôti, *roast chicken*
un bifteck, *beef steak (also bifteque)*
des frites, *chips*
une entrecôte, *steak cut from ribs of beef*
une escalope garnie, *escalope with vegetables*

un légume, *vegetable*
des haricots verts, *French beans*
des petits pois, *peas*
des pâtes, *spaghetti, etc.*
du jambon, *ham*
le rosé, *rosé wine*
du fromage, *cheese*
du pain, *bread*
un œuf, *egg*
une serveuse, *waitress*
des choux de Bruxelles, *Brussels sprouts*
du bœuf haché, *minced beef*
des pommes nature, *boiled potatoes*
du rôti d'agneau, *roast lamb*
du porc, *pork*
une boisson, *drink*
des crudités, *mixed salad and raw vegetables*
toujours, *always*

Notes

(a) The Partitive article: many more examples here of
  (i) *du* + masculine singular noun: e.g., *du pain, du fromage, du potage, du poulet, du pâté, du jambon.*
  (ii) *des* + plural noun (masculine or feminine): e.g., *des légumes, des haricots verts, des petits pois, des frites.*
  (All very useful and should be learnt.)

(b) *Apprendre* (to learn) and *comprendre* (to understand) are both conjugated like *prendre.*

(c) *Je préfère, vous préférez.* (For full tense, see p. 194.)

PART III

Unit 29 (vingt-neuf)

Nina   Carlo   Conchita   Hans   Ingrid   John   M. Cartier

Nous sommes maintenant à l'Ecole Unique. C'est le commencement d'un nouveau trimestre. C'est une nouvelle classe. Une nouvelle année scolaire.

Le professeur: Bonjour, mesdames, messieurs.

Moi, je m'appelle M. Cartier.

Comment vous appelez-vous, mademoiselle?

Nina: Je m'appelle Nina Bellini.

M. Cartier: Moi, je viens de Grenoble, en France. D'où venez-vous, mademoiselle?

Nina: Je viens de Rome, en Italie.

M. Cartier: Moi, je suis Français. De quelle nationalité êtes-vous, mademoiselle?

Nina: Je suis Italienne, monsieur.

M. Cartier: Et vous, monsieur, comment vous appelez-vous, d'où venez-vous, et de quelle nationalité êtes-vous?

John: Je m'appelle John Robinson, monsieur. Je viens de Londres, en Angleterre, je suis Anglais.

Les quatre autres étudiants sont:

    (*a*) Ingrid Svensen (Stockholm, en Suède. Suédoise)

    (*b*) Carlo Bianchi (Rome, en Italie. Italien)

    (*c*) Hans Friedmann (Frankfurt, en Allemagne. Allemand)

    (*d*) Conchita Lopez (Madrid, en Espagne. Espagnole)

I   Fluency practice

(*a*) Comment vous appelez-vous?
Je m'appelle Nina Bellini (John Robinson, Ingrid Svensen, Carlo Bianchi,
Hans Friedmann, Conchita Lopez).

(*b*) Ingrid, d'où venez-vous?
Je viens de Stockholm, en Suède. (Carlo, Hans, Conchita)

(*c*) De quelle nationalité êtes-vous?
Ingrid: je suis Suédoise. (Carlo, Hans, Conchita)

II   Apprenez:

(*a*) Nina vient de Rome en Italie; elle est Italienne.
Carlo aussi vient de Rome en Italie; il est Italien.
Nina et Carlo *viennent* de Rome; ils sont Italiens.

(*b*) Un nouveau professeur;   une nouvelle classe
un nouveau trimestre;   une nouvelle année scolaire
un beau jardin;   une belle maison
un beau complet;   une belle robe
un beau jeune homme;   une belle jeune fille

(*c*) Un Italien; une Italienne
Un Parisien; une Parisienne
Un Londonien; une Londonienne

(Et vous, dans la classe (monsieur, madame, mademoiselle)
Comment vous appelez-vous? Je . . .
D'où venez-vous? Je viens de . . .
De quelle nationalité êtes-vous? Je suis . . .)

Maintenant: Quelle est votre adresse à Paris?
(L'adresse de cette école est 58 rue Racine.)

A   1 (John), quelle est votre adresse?
   –16, rue Racine, monsieur.
  2 Habitez-vous dans une maison ou dans un immeuble?
   –J'habite dans un immeuble.
  3 A quel étage habitez-vous?
   –J'habite au premier étage.
  4 Habitez-vous seul ou avec quelqu'un?
   –J'habite chez la famille Gatineau, monsieur.

III *Now ask and answer the same questions for:*

B   Nina, 39 boulevard St Marcel, immeuble, 4ème étage, famille
Berger.

C   Ingrid, 24 avenue des Gobelins, immeuble, 3ème étage, seule.

D   Carlo, 33 rue St Jacques, appartement, 5ème étage, étudiant
français.

E Conchita, 18 avenue d'Italie, appartement, 2ème étage, étudiante française.
F Hans, à la Cité Universitaire, dans la Maison Française, où il y a beaucoup d'étudiants français. Immeuble, rez-de-chaussée.

IV Et vous: répondez aux questions 1, 2, (3), 4.

Vocabulaire

un trimestre, *term*	suédois(e), *Swedish*
une année scolaire, *school year*	espagnol(e), *Spanish*
nouveau, nouvelle, *new*	un(e) Londonien(ne), *Londoner*
D'où venez-vous? *Where do you come from?*	une adresse, *address*
	un immeuble, *block of flats*
L'Italie, *Italy*	seul(e), *alone*
La Suède, *Sweden*	quelqu'un(e), *someone*
L'Allemagne, *Germany*	le rez-de-chaussée, *ground floor*
L'Espagne, *Spain*	

Other nationalities (for reference)

L'Amérique	Un Américain, une Américaine
Les Etats-Unis	
Le Canada	Un Canadien, une Canadienne
Le Japon	Un Japonais, une Japonaise
La Suisse	Un Suisse, une Suissesse
Le Portugal	Un Portugais, une Portugaise
La Belgique	Un Belge, une Belge
La Hollande	Un Hollandais, une Hollandaise
La Russie	Un Russe, une Russe
L'Ecosse	Un Ecossais, une Ecossaise
Le Pays de Galles	Un Gallois, une Galloise

Note

Il va en Belgique (He is going to Belgium).
Ils vont au Canada (They are going to Canada).
Il est en Suisse (He is in Switzerland).
Elle est au Japon (She is in Japan).
If the country is feminine, e.g., *l'Angleterre, la France*, etc., 'in' or 'to' a country is *en*.
If the country is masculine, e.g., *le Canada, le Portugal*, etc., 'in' or 'to' a country is *au*.
N.B. *Il est en Amérique* or *Il est aux Etats-Unis*.

Unit 30 (trente)

Le professeur	
Nina John Ingrid	
Carlo Conchita Hans	

Voici la salle de classe. C'est une petite classe de trois étudiants et trois étudiantes.

Nina est à gauche, John est entre Nina et Ingrid, qui est à droite.

Carlo est derrière Nina, Conchita est derrière John et Hans est derrière Ingrid. Carlo est à côté de Conchita. Le professeur est devant la classe: il s'appelle M. Cartier.

I   1   Est-ce que Nina est à gauche ou à droite? Elle ...
     2   Qui est à côté de Hans?
     3   Est-ce que John est devant Hans? Non, il ...
     4   Qui est entre Carlo et Hans?
     5   Est-ce que Carlo est à côté de John?
     6   Est-ce que Conchita est derrière Ingrid?

II   1   Vous êtes Conchita, où êtes-vous assise? Je suis assise entre ... et derrière ...
     2   Vous êtes Hans, où êtes-vous assis?
     3   Vous êtes John, où êtes-vous assis?
     4   Vous êtes Ingrid, où êtes-vous assise?

III   Si vous êtes dans une classe à une école, posez ces questions à d'autres élèves: Où êtes-vous assis(e)?
     Entre qui, devant qui, derrière qui, à côté de qui?

M. Cartier à la classe:

Aujourd'hui je pose une question personnelle.
Qu'est-ce que vous voulez faire dans la vie?

Ingrid: Je veux être hôtesse de l'air.
           Je veux voyager partout en avion.

John: Je veux être professeur.
           Je veux enseigner le français en Angleterre.

Carlo: Je veux être chanteur.
           Je veux chanter à la Scala à Milan.

Conchita: Je veux être secrétaire de direction.
           C'est un métier bien payé et intéressant.

Hans: Je veux être homme d'affaires.
               Je veux gagner beaucoup d'argent.
Nina: Je veux être actrice.
               J'aime beaucoup le théâtre.
M. Cartier: Bonne chance à tout le monde.

IV 1 Qu'est-ce qu'Ingrid veut faire dans la vie?
         Elle veut être hôtesse de l'air.
       2–6 Posez la même question pour les autres et donnez la réponse.

V 1 Pourquoi Ingrid veut-elle être hôtesse de l'air?
        Parce qu'elle veut voyager partout en avion.
      2–6 Posez la même question pour les autres et donnez la réponse.

VI Où travaille-t-il? Where does he (she) work?
       Où travaille-t-elle?

Apprenez:
Il est médecin. Il travaille dans un hôpital.
Il est garçon. Il travaille dans un restaurant.
Il est professeur. Il travaille dans une école.
Il est homme d'affaires. Il travaille dans un bureau.
Elle est actrice. Elle travaille dans un théâtre.
Elle est coiffeuse. Elle travaille dans un salon de coiffure.
Elle est vendeuse. Elle travaille dans un magasin.
Elle est ménagère. Elle travaille à la maison.

VII Apprenez:
Les trois étudiants et les trois étudiantes sont tous jeunes.
John a vingt-deux ans.
Carlo a vingt-trois ans.
Ingrid et Nina ont vingt et un ans.
Hans et Conchita ont vingt ans.
Monsieur Cartier a quarante ans. Il n'est pas si jeune, mais il n'est pas encore vieux.
Carlo est plus âgé que John.
Ingrid est plus âgée que Conchita.
Nina est plus âgée que Hans.
Monsieur Cartier est plus âgé que tous les étudiants. Il est le plus âgé des sept.

Vocabulaire

Posez la même question, *Ask the same question*

Qu'est-ce que vous voulez faire dans la vie? *What do you want to do in life? (as a job)*

voyager, *to travel*

être, *to be* (je veux être, *I want to be*)

une secrétaire de direction, *private secretary*

intéressant(e), *interesting*

gagner, *to obtain, get*

derrière, *behind*

à côté de, *beside*

tout le monde, *everybody*

un médecin, *doctor*

une coiffeuse, *hairdresser*

un salon de coiffure, *hairdressing salon*

si, *so*

vieux (vieille), *old*

John a vingt-deux ans, *John is 22 years old.*

Note

John a vingt-deux ans (John is 22 years old).

Ingrid et Nina **ont** *vingt et un ans* (Ingrid and Nina **are** 21).

Unit 31 (trente et un)

Negatives

Lisez et apprenez:

1 *John:* Moi, je fume la pipe. *Ingrid:* Moi, je fume la cigarette.
   Hans: Moi, je ne fume pas.
2 *Hans:* Moi, je travaille le dimanche. *Carlo:* Moi, je ne travaille
   pas le dimanche.
3 John joue au cricket; il est Anglais, mais il ne joue pas au basket.
4 Carlo joue au basket, mais il ne joue pas au cricket. Il n'est pas
   Anglais, il est Italien.
5 *Nina:* Conchita et moi, nous jouons au whist, mais nous ne jouons
   pas au bridge.
6 *Ingrid:* Moi, je danse bien. *John:* Moi, je danse mal. *Hans:* Moi,
   je ne danse pas.
7 Hans et Carlo aiment la musique classique; ils n'aiment pas la
   musique moderne.
8 *M. Cartier:* Je n'aime pas nager, mais j'aime faire des promenades.
9 *Conchita:* Je bois du vin; je ne bois pas de coca-cola.
   Ingrid: Je bois du coca-cola; je ne bois pas de vin.
10 *John:* Je mange de la viande, mais je ne mange pas de poisson.
   Nina: Je mange du poisson; je ne mange pas de viande.
11 Ingrid fait du ski, mais elle ne fait pas de ski nautique. Elle
   n'habite pas au bord de la mer; elle habite à la montagne.
12 Où allez-vous? Au cinéma?
   Non, nous n'allons pas au cinéma aujourd'hui. Nous allons au
   théâtre.
13 J'habite en ville; je n'habite pas à la campagne.

I *Complete these sentences, stating your own personal preferences, or cross out what does not apply to you.*
1 J'aime..., mais je n'aime pas...
2 Je bois..., mais je ne bois pas de...
3 Je danse (bien, mal); je ne danse pas.
4 Je vais au..., mais je ne vais pas au...
5 Je joue au..., mais je ne joue pas au...
6 Je mange..., mais je ne mange pas de...
7 Je travaille le (lundi), mais... le dimanche.
8 Je fume...; je ne fume pas.

II *Arrange the last column in the right order.*

1 Il pleut,	c'est pourquoi	je ne peux pas lire l'adresse.
2 Je n'ai pas d'argent,		je ne peux pas entrer dans la maison.
3 Je n'ai pas mes lunettes,		je ne peux pas lui téléphoner.
4 Je n'ai pas de clef,		je ne peux pas sortir.
5 Je n'ai pas le numéro de téléphone de mon frère,		je ne peux pas acheter le livre.
6 Nous n'avons pas nos chèques de voyage,		je ne peux pas conduire la voiture.
7 J'ai bu trop de vin,		nous ne pouvons pas changer d'argent.

III Pourquoi ne pouvez-vous pas sortir? Parce qu'il pleut.
Complete the exercise similarly. Pourquoi ne pouvez-vous pas...?
(Why can't you?)

IV Je ne veux pas | danser avec Jean,
être professeur,
acheter cette robe,
travailler aujourd'hui,
mettre mon pardessus,
nager ce matin,
sortir avec Carlo,
jouer au tennis avec Ingrid,

Now select the appropriate answer:

parce qu(e) | l'eau est trop froide.
je suis fatigué.
il fait trop chaud.
je n'aime pas les enfants.
il danse mal.
il boit trop de vin.
elle joue si bien.
elle côute trop cher.

Vocabulaire

fumer, *to smoke*	au bord de la mer, *at the seaside*
je ne fume pas, *I don't smoke*	une montagne, *mountain*
le basket, *basket-ball*	des lunettes (f), *glasses*
mal, *badly*	une clef, *key*
la musique, *music*	un chèque de voyage, *travellers' cheque*
classique, *classical*	conduire, *to drive*
moderne, *modern*	si, *so (in this context)*
du poisson, *fish*	l'argent (m.), *money*
coûter, *to cost*	coûter, *to cost*
faire du ski (nautique), *to (water-) ski*	

Notes

Negatives:

(a) To make a verb negative, put *ne* before the verb and *pas* after it: e.g., *je ne fume pas* (I don't smoke).

(b) *Je bois du vin; je ne bois pas de coca-cola.* After a negative use **de** instead of the partitive *du, de la, de l', des*: e.g., *je mange du poisson; je ne mange pas de viande. Je bois du vin; je ne bois pas d'eau.*

(c) With a question, e.g., *Pouvez-vous sortir?* the *ne* comes in front of the verb as usual, but *pas* comes after the pronoun subject; e.g., *Allez-vous à l'école? Pourquoi n'allez-vous pas à l'église? Pourquoi ne pouvez-vous pas sortir? Habitez-vous en France? N'habitez-vous pas en Angleterre?*

Unit 32 (trente-deux)

Au supermarché

Mme Berger entre dans le magasin, prend d'abord un chariot, et regarde sa liste:

>*du beurre (un kilo)*
>*de la confiture aux cerises (un grand pot)*
>*des œufs (une douzaine)*
>*du jambon (six cents grammes)*
>*du fromage (une boîte)*

Elle trouve d'abord le beurre et le met dans le chariot. Ensuite elle cherche la confiture. Elle la trouve et la met dans le chariot. Puis elle prend douze œufs et les met dans le chariot (deux paquets de six).

Alors elle demande à un vendeur:

'Pardon, monsieur, je cherche du jambon et du fromage.'

'Allez au comptoir là-bas, madame, au bout du magasin. Il y a une vendeuse qui va vous servir.'

Elle va au comptoir et dit: 'Je voudrais une boîte de fromage et 600 grammes de jambon, s'il vous plaît.'

'Quelle sorte de fromage préférez-vous, madame?'

'Je préfère le camembert, mademoiselle.'

'Bien, madame,' et la vendeuse lui donne le fromage et le jambon.

Mme Berger va à la caisse et attend un moment dans la queue. Puis la caissière vide le chariot et fait le calcul sur la caisse enregistreuse.

'Ça fait quarante-cinq francs en tout, madame.'

Mme Berger lui donne quarante-cinq francs, remplit son panier, et sort du magasin.

I   Répétez et apprenez:

(a) Elle prend **le** beurre et **le** met dans le chariot.
   Ensuite elle prend **la** confiture et **la** met dans le chariot.
   Puis elle prend **les** œufs et **les** met dans le panier.

(b) La vendeuse **lui** donne le fromage.
   Mme Berger **lui** donne 45 francs.

(c) La caissière vide le chariot.
   Mme Berger remplit son panier. Elle **y** met du beurre, du jambon, de la confiture, et des œufs.

(*d*) Complétez: Qu'est-ce que Mme Berger veut acheter? Elle veut
acheter du beurre, etc.

(*e*) Elle demande | à un vendeur.
               | à une vendeuse.

II   1 Quand Mme Berger entre dans le magasin, qu'est-ce qu'elle
         prend d'abord?
      2 Combien de beurre veut-elle acheter? Un kilo.
      3 Combien de confiture veut-elle acheter?
      4 Combien de jambon va-t-elle acheter?
      5 Qu'est-ce qu'elle trouve d'abord?
      6 Où est-ce qu'elle le met? Elle le . . .
      7 Qu'est-ce qu'elle cherche ensuite?
      8 Où est-ce qu'elle la met? Elle . . .
      9 Où est-ce qu'elle met les œufs? Elle . . .
     10 Qu'est-ce qu'elle cherche au bout du magasin?
     11 Quelle sorte de fromage est-ce qu'elle préfère?
     12 Où est-ce qu'elle attend?
     13 Que fait la caissière d'abord? Et après?
     14 Qu'est-ce que Mme Berger donne à la caissière?
     15 Que fait-elle après cela?

III **Apprenez et comparez:**

Je voudrais	une tasse de thé.	Je voudrais	du thé.
	une tablette de chocolat.		du chocolat.
	une bouteille de lait.		du lait.
	un verre de bière.		de la bière.
	un pot de confiture.		de la confiture.
	une boîte d'allumettes.		des allumettes.
	une paire de chaussettes.		des chaussettes.

Now make up two similar columns with café, orangeade, vin,
crème, cigarettes, chaussures.

Vocabulaire

un supermarché, *supermarket*	le calcul, *addition*
un chariot, *trolley*	la caisse enregistreuse, *cash register*
une liste, *list*	remplir, *to fill*
une cerise, *cherry*	cela, *that*
une douzaine, *dozen*	une tablette, *bar*
servir, *to serve*	une allumette, *match*
le camembert, *camembert cheese*	la bière, *beer*
une caissière, *cashier*	une chaussette, *sock*
vider, *to empty*	une chaussure, *shoe*

Notes

(*a*) Notice the difference between:

Je voudrais acheter | **du** *beurre* (some butter)
 | **de la** *confiture* (some jam)

and *cinq cents grammes* **de** *beurre* (of butter)

   un grand pot **de** *confiture* (of jam)

After *de* omit the partitive article *du, de la, de l'*: e.g., *une boîte d'allumettes*. (See Ex. III.)

(*b*) When Mme Berger has bought some butter, *elle prend* **le** *beurre, et* **le** *met dans le chariot.*

She takes **the** butter (which she has bought) and puts **it** into the '*chariot*'.

'It' is the object of the verb 'put'. If 'it' stands for a masculine noun (e.g., *le beurre*) it is *le*, if feminine *la*; 'them' is always *les*.

(*c*) Notice the **position** of *le, la, les* as object pronouns. They always **precede** the verb, except with a **positive** command:

e.g., *Prenez* | *le beurre et mettez-le dans votre panier* (Take the butter and put it into your basket).

   la confiture et mettez-la . . .

   les œufs et mettez-les . . .

Unit 33 (trente-trois)

Nina va chez la marchande de fruits

Nina fait des courses pour Mme Berger. Elle entre dans la fruiterie. La marchande de fruits est derrière le comptoir. C'est une grosse dame qui porte un long tablier blanc.

La marchande: Bonjour, mademoiselle. Que désirez-vous?

Nina: Ah! J'ai une longue liste. D'abord je voudrais trois kilos de pommes de terre.

La marchande: Les voici. Et après?

Nina: Un gros chou, s'il vous plaît.

La marchande: Choisissez, mademoiselle.

Nina: Bon, je prends ce chou-là.

La marchande: Oui, et avec ça?

Nina: Un kilo de pommes. Des 'Golden'.

La marchande: Les voici.

Nina: Est-ce qu'elles sont mûres?

La marchande: Mais oui, mademoiselle.

Nina achète aussi un kilo de poires, un demi-kilo de petits pois, une laitue et six bananes.

La marchande: Vous n'êtes pas Française, mademoiselle?

Nina: Non, je suis Italienne. J'habite avec une famille française, les Berger.

La marchande: Ah oui, je la connais bien, cette famille. Mme Berger vient souvent chez nous faire des achats. Elle est une de mes meilleures clientes. Mais vous parlez bien le français, mademoiselle. Un petit accent étranger, c'est tout.

Nina: Je suis en France pour perfectionner mon français, madame.

La marchande: C'est une très bonne idée. Alors je calcule ... Ça fait trente-cinq francs en tout.

Nina lui donne les 35 francs, remplit son panier, dit 'Au revoir', et sort de la fruiterie.

I 1 Où va Nina?
2 Que fait-elle? Pour qui?
3 Où entre-t-elle?
4 Où est la marchande?
5 Comment est-elle?
6 Qu'est-ce qu'elle porte?
7 Qu'est-ce que Nina veut acheter d'abord?
8 Combien de petits pois veut-elle acheter?
9 Qu'est-ce que Nina donne à la marchande?

II Apprenez:
Nina prend **le** gros chou et **le** met dans son panier.
Elle prend **la** laitue et **la** met dans son panier.
Elle prend **les** pommes et **les** met dans son panier.

*III *Now try this exercise:*
Nina part en vacances. Qu'est-ce qu'elle met dans sa valise?
D'abord elle prend un pullover et le met dans la valise.
Complétez:
1 Elle prend une jupe noire et . . . met dans la valise.
2 Elle prend des bas noirs et . . .
3 Elle prend des chaussures noires et . . .
4 Elle prend une robe verte et . . .
5 Elle prend un pantalon vert et . . .
6 Elle prend des gants blancs et . . .
7 Elle prend une serviette bleue et . . .
8 Elle prend des cravates grises et . . .
9 Elle prend un bikini blanc et . . .
10 Elle prend des mouchoirs blancs et . . .

IV Apprenez:
(*a*) M. Berger, je **le** connais bien (*him*).
Mme Berger, je **la** connais bien (*her*).
Marie et Jeannette Berger, je **les** connais bien aussi (*them*).
(*b*) *Adjectives:*

(i) De quelle couleur est | un chou? Il est vert.
| une laitue? Elle est verte.
_____ sont | les petits pois? Ils sont verts.
| les poires? Elles sont vertes.

(ii) Un gros chou; une grosse laitue.
Le tablier est long; la liste est longue.

(c) *Comparison:*
Un bon client; un meilleur client; le meilleur client des trois.
Une bonne cliente; une meilleure cliente; la meilleure cliente des trois.

(d) Vous parlez bien le français.
Vous parlez mal l'anglais.

Further oral practice

Practise the conversation in this Unit with other fruit and vege-tables: e.g.,

(a) un kilo de carottes
une grosse laitue
un demi-kilo de poires

(b) un demi-kilo de tomates
six grosses oranges
un kilo de bananes

Vocabulaire

faire des courses, *to go shopping*
gros(se), *big*
chez, *to the (at the) house or shop of*
un tablier, *apron*
une pomme de terre, *potato*
les voici, *here they are*
un chou, *cabbage*
choisissez, *choose*
mûr(e), *ripe*
une laitue, *lettuce*
je connais, *I know*

un achat, *purchase*
un(e) client(e), *customer*
meilleur(e), *better*
le (la) meilleur(e), *best*
perfectionner, *to perfect*
une idée, *idea*
un bas, *stocking*
une serviette, *towel*
une cravate, *tie*
un mouchoir, *handkerchief*
une carotte, *carrot*

Notes

(a) There are two ways of asking 'What do you want?'
Que désirez-vous?
Qu'est-ce que vous désirez?
The same applies to other verbs.
Que faites-vous?   Que lisez-vous?
Qu'est-ce que vous faites?   Qu'est-ce que vous lisez?

(b) Some common adjectives always precede the noun in French, i.e., *gros, petit, grand, jeune, premier, long, beau, nouveau, vieux, joli, bon, cher, mauvais.*
Others usually follow the noun: e.g., adjectives of colour, *un livre bleu*; and nationality, *un livre français*; and longer adjectives: e.g., *un homme important.*

(c) To know: *'Je connais Mme Berger.' Connaître* is used in reference to persons.
Savoir is used for things or facts: e.g., *Je sais qu'il est riche* (I know that he is rich).

Unit 34 (trente-quatre)

Chez le boulanger-pâtissier

Marie Berger entre dans le magasin—c'est une boulangerie-pâtisserie.

La vendeuse: Bonjour, mademoiselle, qu'est-ce que vous désirez?

Marie: Je voudrais deux baguettes et douze croissants, s'il vous plaît.

La vendeuse: Il n'y a que neuf croissants. Prenez trois brioches.

Marie: Bon, ça va. Vous avez des gâteaux secs?

La vendeuse: Oui, les voilà, dans la vitrine.

Marie: Bon. J'en prends dix.

La vendeuse: C'est tout, mademoiselle?

Marie: Non, madame. Je voudrais aussi un pain complet. C'est combien?

La vendeuse: Ça fait vingt-deux francs.

Marie: Voilà, madame.

Elle lui donne vingt-deux francs, dit 'Au revoir, madame' et sort de la boulangerie.

I   Fluency exercises:

(a) Elle entre / Elles entrent | dans | le supermarché. / la fruiterie. / la boulangerie. / l'école.

(b) Elle sort / Elles sortent | du supermarché. / de la fruiterie. / de la boulangerie. / de l'école.

(c) Combien de baguettes | voulez-vous? / prenez-vous?
J'en | veux / prends | deux.
Combien de croissants | voulez-vous? / prenez-vous?
J'en | veux / prends | douze.
Combien de brioches | voulez-vous? / prenez-vous?
J'en | veux / prends | trois.
Combien de gâteaux secs | voulez-vous? / prenez-vous?
J'en | veux / prends | dix.

(d) La vendeuse lui vend | deux baguettes. / neuf croissants. / trois brioches. / dix gâteaux secs. / un pain complet.
Marie lui donne vingt-deux francs.

(e) Il n'y a que | deux baguettes. / neuf croissants. / trois brioches.

(f) Elle va chez | le boulanger.   (à la boulangerie) / le marchand de fruits.   (à la fruiterie) / le boucher.   (à la boucherie)

II *For further practice of the conversation change the numbers:* e.g., une baguette, six croissants. Il n'y a que cinq croissants. Prenez une brioche. Sept éclairs au chocolat. Quatre petits pains. (Deux flûtes.)

III (*Negatives*) **Apprenez les questions et les réponses:**

(a) Pardon, monsieur. Où est le Théâtre Français, s'il vous plaît? Je ne sais pas, monsieur; je ne suis pas Parisien. Je viens de Lyon.

(b) Pardon, madame. Où est l'Opéra, s'il vous plaît?
Je ne comprends pas, monsieur. Je ne parle pas bien le
français. Je ne suis pas Française, je suis Anglaise.

(c) Bonjour, Jean. Vous allez à l'école?
Non, monsieur. Je ne vais pas à l'école mercredi. J'ai congé.
Quelles langues apprenez-vous à l'école, le français et
l'espagnol?
J'apprends le français, mais je n'apprends pas l'espagnol.
Vous n'apprenez pas l'espagnol? Quel dommage! C'est une
belle langue.

Vocabulaire

ne . . . que, *only*
une brioche, *bun made of flour, butter,
    eggs*
un gâteau sec, *biscuit*
les voilà, *there they are*
une vitrine, *shop window*
un pain complet, *whole wheat loaf*
j'en veux ⎫deux, *I want* ⎫*two of them*
    prends ⎭   *I'll take*⎭
je ne comprends pas, *I don't understand*
un congé, *holiday*

quel dommage! *what a pity!*
une langue, *language*
je ne sais pas, *I don't know*
les voilà, *there they are*
un boulanger-pâtissier, *baker,
    pastry-cook*
une boulangerie-pâtisserie, *bread and
    cake shop*
un petit pain, *small roll*
une flûte, *long, very thin loaf*

Notes

(a) *Negative ne . . . que* (only) takes the same position as *ne . . . pas* in the sentence
(when used with a verb in the present tense): e.g., *Il n'a que trois livres.*

(b) *Les voilà* (there they are).
le voilà (there it is (masculine)): e.g., *le croissant.*
la voilà (there it is (feminine)): e.g., *la baguette.*
le (la) voici (here it is); *les voici* (here they are).

(c) *J'en prends deux.* In French *en* ('of it', 'of them') is always inserted, whereas
in English one would say: 'I'll take two.'

(d) Food shops are often open on Sunday morning, but closed on Mondays.

Unit 35 (trente-cinq)

M. Berger va au garage.

Garagiste: Qu'est-ce que c'est, monsieur?

M. Berger: Voudriez-vous faire le plein d'essence, s'il vous plaît?

Garagiste: Vous avez besoin d'huile?

M. Berger: Je ne sais pas.

Garagiste: Je vais vérifier. Oui, vous avez besoin d'un litre.

M. Berger: Voudriez-vous vérifier les pneus, s'il vous plaît?

Garagiste: Volontiers. Quelle pression?

M. Berger: 1.9 kilo.

Garagiste: Et les bougies? Faut-il les vérifier?

M. Berger: Oui, s'il vous plaît. Nous avons beaucoup roulé.

Garagiste: Il faut les nettoyer, et une bougie est usée. Il faut la changer. Cela va prendre un quart d'heure.

M. Berger: Bon. Je vais prendre un apéritif au café là-bas, et je reviens dans un quart d'heure.

I   Fluency exercises

(*a*) (Il faut) Voudriez-vous	faire le plein . . . ?
	vérifier les pneus?
	vérifier les bougies?
	nettoyer les bougies?
	vérifier l'huile?

(*b*) Vous avez besoin | d'essence.
     J'ai besoin | d'huile.
                     | d'eau.
                     | d'air.
                     | d'argent.

(*c*) Mettez | de l'essence dans le réservoir.
    Il faut mettre | de l'huile dans le moteur.
                   | de l'eau dans le radiateur.
                   | de l'air dans les pneus.

(*d*) Je vais | vérifier les pneus etc.
            | changer la bougie.
            | prendre un apéritif.

Use these exercises to vary the above conversation.

II You have a puncture. You change the wheel and go to a garage. You ask the 'garagiste' to mend the puncture, to check the tyre pressures, the oil level, and the battery. You also want a can of oil, and 50 francs worth of petrol (pour cinquante francs d'essence).

Invent the conversation with the 'garagiste'.

Vocabulaire:

l'essence, *petrol*

l'huile, *oil*

l'eau, *water*

vérifier, *to check*

une bougie, *sparking plug*

un pneu, *tyre*

la pression, *pressure*

le réservoir, *petrol tank*

le moteur, *engine*

l'argent, *money*

faire le plein, *fill up*

j'ai besoin de, *I need*

là-bas, *over there*

usé, *worn out*

plein, *full*

il faut, *one must (invariable)*

Useful extra vocabulary *for reference only*

une crevaison, *puncture*

un pneu crevé, *burst tyre*

le niveau d'huile, *oil level*

une chambre à air, *inner tube*

un pneu sans chambre, *tubeless tyre*

un essuie-glaces, *windscreen wiper*

l'allumage, *ignition*

une pièce de rechange, *spare part*

un pompiste, *petrol pump attendant*

un bidon d'huile, *can of engine oil*

régler, *to regulate, adjust*

vidanger le moteur, *to change the engine oil*

un pare-brise, *windscreen*

l'embrayage, *clutch*

les freins, *brakes*

une batterie, *battery*

l'eau distillée, *distilled water*

réparer, *to mend*

le moteur ne marche pas, *the engine won't go*

Notes:

    (*a*) The partitive articles *du, de la,* both change to *de l'* before a vowel or 'h' mute; e.g.,

        de l'essence, de l'eau, de l'huile etc. (see Ex. I (*c*))

    (*b*) After the preposition *de*, this *de l'* is omitted; e.g.,

        j'ai besoin d'essence.

        le réservoir est plein d'essence.

        J'ai besoin d'huile.

        le moteur est plein d'huile.

        Similarly *du, de la* and *des* (some), are omitted after *de*.

        See p. 90, Ex. III for many examples. After a negative they change to *de:*

        e.g., J'ai du papier; je n'ai pas de papier.

            J'ai de la confiture; je n'ai pas de confiture.

            J'ai des gants; je n'ai pas de gants.

Unit 36 (trente-six)

A la poste

Carlo rencontre Conchita dans la rue.

Carlo:	Bonjour, mademoiselle. Où allez-vous?
Conchita:	A la poste. Je veux acheter des timbres et envoyer un mandat à mon frère. C'est un cadeau d'anniversaire. Il est étudiant à Lyon.
Carlo:	Moi aussi, je vais à la poste. Je vais envoyer ce paquet à ma mère. Allons-y.

Ils entrent dans le bureau de poste. Il y a beaucoup de monde et ils attendent dans une queue. Enfin c'est le tour de Conchita.

L'employé:	Au suivant, s'il vous plaît.
Conchita:	Je voudrais un carnet de timbres à cinquante centimes, s'il vous plaît.
L'employé:	Voici le carnet. 20 timbres à 50 centimes. Ça fait 10 francs.
Conchita:	C'est combien pour une lettre pour l'étranger?
L'employé:	(Un franc quatre-vingts.)
Conchita:	Je voudrais aussi envoyer un mandat à Lyon.
L'employé:	Bien, mademoiselle. Voulez-vous remplir cette fiche? Mais vous êtes étrangère. Je vais remplir la fiche pour vous.
Conchita:	Vous êtes bien aimable, monsieur.
L'employé:	Et vous, monsieur?
Carlo:	Je voudrais envoyer ce paquet recommandé en Italie.
L'employé:	Il faut remplir cette fiche. Mettez aussi votre nom et votre adresse sur le paquet. Oui, ça va. Voici le reçu, et donnez-moi neuf francs. Merci. Au suivant!

I *Select 8 sentences (choisissez huit phrases)*

Je veux	acheter un carnet de timbres.
Je vais	envoyer un mandat télégraphique à mon frère, en
Je voudrais	Belgique.
Je peux	envoyer un paquet recommandé à ma mère, en Allemagne.
	envoyer un télégramme en Angleterre.
	envoyer un colis postal en Espagne, à Madrid.

II Apprenez:

Pourquoi Conchita va-t-elle à la poste?
–Pour acheter des timbres et pour envoyer un mandat à son frère.
Pourquoi Carlo va-t-il à la poste?
–Pour envoyer un paquet recommandé à sa mère.

Complétez:

1 Pourquoi Mme Berger va-t-elle au supermarché?
  –Pour acheter ...
2 Pourquoi Nina va-t-elle à la fruiterie?
  –Pour ...
3 Pourquoi Marie va-t-elle à la boulangerie?
  –Pour ...
4 Pourquoi va-t-on au bureau de tabac?
  –Pour ...
5 Pourquoi va-t-on au café?
  –Pour boire ...

III Apprenez:

Ce carnet, ce paquet, ce mandat, ce télégramme.
Cet employé, cet homme.
Cette lettre, cette fiche, cette adresse.
Ces timbres, ces employés, ces lettres.

IV Qu'est-ce qu'il faut faire?

Arrange the second column in the correct order.

1 Il pleut.	Il faut porter des lunettes de soleil.
2 Il fait très chaud dans cette salle.	Il faut mettre un pardessus et un foulard.
3 Il fait très froid.	Il faut prendre le prochain train.
4 Le soleil brille.	Il faut mettre un imperméable.
5 La voiture ne marche pas.	Il faut la nettoyer.
6 La voiture est sale.	Il faut prendre l'autobus.
7 Le train est parti.	Il faut ouvrir les fenêtres.

Posez la question: e.g.,
Qu'est-ce qu'il faut faire quand il pleut?
Trouvez la bonne réponse, e.g., Il faut mettre un imperméable.
Ecrivez les réponses dans l'ordre correct.

V Apprenez:

Qu'est-ce qu'il ne faut jamais faire en France?

1 Il ne faut jamais rouler à gauche dans la rue.

2 Il ne faut jamais sortir sans carte d'identité ou passeport.

3 Il ne faut jamais marcher sur l'herbe.

VI Revision: Lisez et apprenez:

(a) 1 Parlez-vous anglais et français?

Je parle anglais mais je ne parle pas français.

2 Apprenez-vous le français et l'allemand?

J'apprends le français mais je n'apprends pas l'allemand.

3 Comprenez-vous le français et l'espagnol?

Je comprends un peu le français, mais je ne comprends pas l'espagnol.

4 Jouez-vous au golf et au tennis?

Je joue un peu au golf, mais je ne joue jamais au tennis.

5 Travaillez-vous le vendredi et le dimanche?

Je travaille le vendredi, mais je ne travaille jamais le dimanche.

6 Fumez-vous les cigarettes et la pipe?

Je fume la pipe, mais je ne fume jamais les cigarettes.

(b) J'ai un vélo; je n'ai pas de vélomoteur.

J'ai un tourne-disque; je n'ai pas de magnétophone.

Je bois du vin; je ne bois pas de bière.

Nous mangeons du fromage; nous ne mangeons pas de viande.

Now change the questions yourself and give the appropriate answers:
e.g., Parlez-vous anglais et italien? (allemand, espagnol)
–Je parle anglais, mais je ne parle pas italien, etc.

Vocabulaire

la poste, *post-office*	recommandé, *registered*
rencontrer, *to meet*	un reçu, *receipt*
un mandat-poste, *postal order*	un colis postal, *postal packet*
un cadeau, *present*	le soleil, *sun*
envoyer, *to send*	briller, *to shine*
beaucoup de monde, *a lot of people*	un foulard, *scarf*
enfin, *at last*	sale, *dirty*
un tour, *turn (in this context)*	ouvrir, *to open*
au suivant! *next!*	sans, *without*
un carnet de timbres, *book of stamps*	l'herbe (f.), *grass*
pour l'étranger, *for abroad*	ne . . . jamais, *never*
une fiche, *form*	un tourne-disque, *record player*
aimable, *kind*	un magnétophone, *tape recorder*
	un vélomoteur, *moped*

Notes

(a) *ne . . . jamais* (never). Same position as *ne . . . pas. Il* ne *joue* jamais *au tennis.*

(b) le *vendredi*—on Fridays

le *dimanche*—on Sundays

(c) *Allons* = let's go. *Jouons au tennis* = let's play tennis.

Parlons français = let's speak French.

(d) With a *mandat télégraphique* the postman pays cash at the home address.

Unit 37 (trente-sept)

1 Qu'est-ce qu'il va faire ?   *What is he going to do ?*
2 Qu'est-ce qu'il fait ?   *What is he doing ?*
3 Qu'est-ce qu'il a fait ?   *What has he done ?*

	1	2	3
A	Il va manger une banane.	Il mange une banane.	Il a mangé une banane.
B	Il va chanter une chanson.	Il chante une chanson.	Il a chanté une chanson.
C	Elle va traverser la rue.	Elle traverse la rue.	Elle a traversé la rue.
D	Elle va passer un disque.	Elle passe un disque.	Elle a passé un disque.

	1	**2**	**3**
E	Elle va taper à la machine.	Elle tape à la machine.	Elle a tapé à la machine.
F	Il va regarder la télévision.	Il regarde la télévision.	Il a regardé la télévision.
G	Il va jouer au golf.	Il joue au golf.	Il a joué au golf.
H	Il va boire du vin.	Il boit du vin.	Il a *bu* du vin.

I   Apprenez les trois questions et les réponses (A–H)

II   *Imagine you are the person in the pictures.*
A   Qu'est-ce que vous allez faire?
    Je vais manger une banane.
    Qu'est-ce que vous faites?
    Je mange une banane.
    Qu'est-ce que vous avez fait?
    J'ai mangé une banane.

Continuez: posez les mêmes questions pour les images B–H.

III *Complete the second and third columns.*

	Que fait-il?	Qu'est-ce qu'il a fait?
1 Donnez ce journal à votre père.	Il donne le journal à son père.	Il a donné le journal à son père.
2 Passez le sucre à votre sœur.		
3 Réveillez votre frère.		
4 Mangez le potage.		
5 Nagez 50 mètres.		
6 Décrochez le téléphone.		
7 Achetez un billet.		

Lecture

M. Gatineau aide souvent ses enfants à faire leurs devoirs. Il est professeur et il trouve ce travail très facile.

Il aime raconter cette histoire. Son voisin, M. Norbert, est représentant de commerce. Il parle bien et il est bon vendeur, mais il trouve les devoirs de son fils très difficiles. Son fils Jean est paresseux; il travaille mal à l'école. Un soir ce fils entre dans la salle de séjour, et regarde pendant cinq minutes son père qui essaye de trouver la solution d'un problème de maths. Enfin il dit: 'Tu sais, papa, la situation est sérieuse. Si tu ne travailles pas mieux, je vais redoubler.'

IV 1 Est-ce que M. Gatineau est représentant de commerce?
2 Qui est représentant de commerce?
3 Est-ce que le voisin est un bon ou un mauvais vendeur?
4 Qu'est-ce qu'il trouve difficile?
5 Où est-ce que Jean entre un soir?
6 Qu'est-ce que son père essaye de faire?

V Apprenez:

(*a*) Il travaille bien; c'est un bon travailleur.
Il danse bien; c'est un bon danseur.
Il chante bien; c'est un bon chanteur.
Il joue bien; c'est un bon joueur.
Il travaille mal; c'est un mauvais travailleur.
Il danse mal; c'est un mauvais danseur.

Complétez:

Il chante mal; c'est un . . .
Il joue mal; c'est un . . .

(*b*) *Comparison.*
Il travaille bien; il travaille mieux que moi.
Il joue bien; il joue mieux que vous.
Il chante bien; il chante mieux que son frère.
Elle danse bien; elle danse mieux que sa sœur.

(*c*) Il aide ses enfants à faire leurs devoirs.
Elle aide sa fille à apprendre à lire.
Nous aidons notre mère à faire le ménage.
J'aide ma mère à faire les courses.

VI *Revision of Adjectives:*

(*a*) Ce fils; cette fille.
Ce devoir; cette histoire.
Ce problème; cette solution.

(*b*) Un bon vendeur; une bonne vendeuse.
Un mauvais chanteur; une mauvaise chanteuse.
Un bon voisin; une bonne voisine.

(*c*) Son fils est | paresseux;   sa fille est | paresseuse.
             | furieux; | furieuse.
             | curieux; | curieuse.
             | sérieux; | sérieuse.

Vocabulaire

chanter, *to sing*
une chanson, *song*
traverser, *to cross*
taper à la machine, *to type*
réveiller, *to awaken*
décrocher, *to unhook*
aider, *to help*
un devoir, *homework*
le travail, *work*
facile, *easy*
raconter, *to relate, tell*
un voisin, *neighbour*
un représentant de commerce,
  commercial traveller

difficile, *difficult*
paresseux, *lazy*
une salle de séjour, *living room*
un travailleur, *worker*
tu sais, *you know*
doubler une classe, *to spend two years*
  in the same class
sérieux, *serious*
mauvais, *bad*
mal, *badly*
mieux, *better*

Notes

(a) The Perfect Tense in English = 'he **has** given', 'he **has** eaten'.
The Perfect Tense in French covers this tense and another English tense:
'he gave', 'he ate', 'he played'.
It is formed in French by combining the Present Tense of *avoir* or *être* with
the Past Participle (in English 'given, 'eaten', etc.). In the next few units only
verbs which combine with *avoir* will be introduced.
All verbs in *–er* (e.g., *donner, manger, jouer*) have a Past Participle ending in
–é, e.g., *donné, mangé, joué*. Thus *il a donné* is 'he has given' or 'he gave'
depending on the context. In Unit 37 the first meaning only is introduced
e.g., 'he has sung', 'she has crossed', 'he has eaten'. The appropriate general
question is:
Qu'est-ce qu'il a fait ? (What has he done? What did he do?)
There are some common irregular past participles e.g., *fait, bu*, which will
be introduced gradually, and should be learnt as they occur.
(b) Ex. V(a) *bon, mauvais* are adjectives used with nouns.
Bien, mal are adverbs used with verbs. So is *mieux* (better) (Ex. V(b)). Learn
the examples.
(c) *Donnez, passez, réveillez*, etc. are commands (the Imperative), pronounced
just like the infinitive with *–er* verbs. (See Ex. III.)
(d) Ex. VI(c). Adjectives ending in *–eux* form the feminine in *–euse*.

Unit 38 (trente-huit)

A Aujourd'hui, c'est dimanche le trois juin.
   Hier, c'était samedi le deux juin.
   Hier matin, Nina et Conchita ont acheté des provisions au super-marché.
   Hier après-midi, Hans a regardé un match à la télévision et John a fait une promenade dans le Jardin du Luxembourg avec une amie française Louise.
   Hier soir, Carlo et Ingrid ont joué au tennis dans le Bois de Boulogne.

I 1 Bonjour, Nina. Qu'est-ce que vous avez fait hier?
      Conchita et moi, nous avons acheté des provisions.
   2 Et vous, Hans, qu'est-ce que vous avez fait?
   3 Et vous, John?
   4 Et vous, Carlo et Ingrid?

II 1 Où est-ce que Nina a acheté des provisions? Chez le boulanger?
      Non, ...
   2 Où est-ce que Hans a regardé le match? Au Stade Roland Garros?
      Non, ...
   3 Où est-ce que John a fait une promenade? Avec qui?
   4 Où est-ce que Carlo et Ingrid ont joué au tennis?

III 1 Quand est-ce que Nina et Conchita ont acheté des provisions? Hier soir?
       Non, hier matin.
    2 Quand est-ce que Hans a regardé le match? Hier matin?
       Non, ...
    3 Quand est-ce que John a fait une promenade? Vendredi dernier?
       Non, ...
    4 Quand est-ce que Carlo et Ingrid ont joué au tennis? Jeudi dernier?
       Non, ...

Lundi matin

–Bonjour, M. Cartier. Qu'est-ce que vous avez fait hier?
–Hier matin, j'ai pris mon petit déjeuner à neuf heures. Puis j'ai fait une promenade dans le Jardin du Luxembourg avec mes enfants.

Ensuite j'ai travaillé un peu.

Hier après-midi, j'ai joué au golf avec mon ami.

Hier soir, j'ai lu un livre de Duhamel et puis j'ai écouté un disque de Chopin.

IV Qu'est-ce que M. Cartier a fait hier matin, après-midi, soir?

V Et vous:

Qu'est-ce que vous avez fait samedi dernier?

Quand, le matin, l'après-midi ou le soir?

Choisissez, si vous voulez, la réponse de cette liste:

J'ai fait une promenade (à pied, en voiture, en moto, en scooter, à cheval, etc.)

J'ai fait des courses, et j'ai acheté . . .

J'ai joué au golf, au tennis, au football, au handball, etc.

J'ai écouté la radio, des disques, un concert.

J'ai regardé la télévision, un film, un match.

J'ai lu un livre, un magazine, des journaux.

VI Il y a (*ago*)

1 Avez-vous déjà fini vos devoirs, Jean?

–Oui, maman, il y a une heure.

2 Avez-vous déjà choisi le cadeau, Marc?

–Oui, monsieur, il y a deux jours.

3 Avez-vous déjà rempli les vases d'eau, Marie?

–Oui, madame, il y a une demi-heure.

4 Avez-vous déjà vu ce film, M. Ravel?

–Oui, mademoiselle, il y a trois mois.

5 Avez-vous déjà lu ce livre, Mme Nogent?

–Oui, monsieur, il y a deux ans.

6 Avez-vous déjà fait la vaisselle, Louise?

–Oui, madame, il y a un quart d'heure.

7 Avez-vous déjà reçu une lettre de votre tante Julie, Marc?

–Oui, maman, il y a une semaine.

8 Avez-vous déjà eu la grippe, Monsieur Robert?

–Oui, docteur, il y a six mois.

9 Avez-vous déjà vendu la robe bleue, Madame Lucille?

–Oui, madame, il y a une demi-heure.

Posez les questions et donnez les réponses:

1 Quand est-ce que Jean a fini ses devoirs?

–Il y a une heure.

Continuez 2–9.

VII Lisez et apprenez:

Demain (1) c'est l'anniversaire de Marie (2). Avez-vous acheté un cadeau pour elle? (3) Non, pas encore. Je vais l'acheter ce soir (4). Qu'est-ce que vous allez acheter? Un disque 33 tours (5).

Change the conversation using these columns:

	1	2	3	4	5
(a)	Samedi	Georges	lui	cet après-midi	une cravate rouge
(b)	Lundi prochain	Denise	elle	ce matin	des mouchoirs
(c)	Mercredi prochain	Marcel	lui	demain matin	un livre

Vocabulaire

c'était, *it was*
il a pris, *he took (or he has taken)*
il a lu, *he read (or he has read)*
une moto, *motorcycle*
un cheval, *horse*
Avez-vous fini? *Have you finished?*
il y a une heure, *an hour ago*

Avez-vous choisi? *Have you chosen?*
Avez-vous vu? *Have you seen?*
faire la vaisselle, *to wash the dishes*
Avez-vous reçu? *Have you received?*
Avez-vous eu? *Have you had?*
la grippe, *influenza*
demain, *tomorrow*
le stade, *stadium*

Notes

Perfect Tense

(a) *Hier ils ont acheté* (yesterday they bought).
Hier Hans a regardé (yesterday Hans watched).
And the question: *Qu'est-ce que vous avez fait?*
In this context = 'What *did* you do?'

(b) Ex. VI. Irregular Past Participles:
pris (Infinitive *prendre*)
lu (lire)
eu (avoir)
vu (voir)
reçu (recevoir)

(c) Regular verbs in *–ir: finir, choisir, remplir*, have Past Participles ending in *–i* (Ex. VI. 1, 2, 3).

(d) Regular verbs in *–re: vendre, attendre*, have Past Participles ending in *–u* (*vendu, attendu*).

(e) Ex. VII. *Pour lui, pour elle*, 'for him', 'for her'. *Lui, elle* 'him', 'her', after prepositions: e.g., *avec lui, avec elle; devant lui, devant elle; derrière lui, derrière elle.*

(f) *Mon amie française, Louise;*
Son amie anglaise, Jane: use *mon, ton, son* instead of *ma, ta, sa*, before a feminine noun beginning with a vowel or *h*.

Unit 39 (trente-neuf)

(A) M. Cartier a demandé:

–Qu'est-ce que vous avez fait samedi soir?

Hans et Conchita: Nous avons été au Club des Etudiants.

–Qu'est-ce que vous avez fait là?

–Nous avons causé, nous avons bu des tasses de café, nous avons dansé, nous avons écouté des disques et nous avons chanté des chansons.

–Qu'est-ce que vous avez chanté?

–Nous avons imité les chanteurs et les chanteuses populaires. C'était très amusant.

Carlo et ses amis: Nous avons joué aux cartes. Quelques étudiants ont joué à la belotte; d'autres ont joué au bridge.

John et Ingrid: Nous avons été au cinéma. Nous avons vu un vieux film très intéressant—'Déjeuner sur l'herbe'.

Nina: J'ai passé la soirée à la maison. J'ai tricoté un pullover et j'ai lu un magazine.

I   Qu'est-ce que les étudiants ont fait samedi soir?

    1 (Hans et Conchita au club): Ils ont causé, etc.

    2 (Carlo et ses amis au club): ...

    3 (John et Ingrid au cinéma): ...

    4 (Nina à la maison): Elle ...

II *Patterns for the* **Negative** *Perfect:*

Apprenez:

J'ai lu 'le Figaro', mais je n'ai pas lu 'France Soir'.

Il a écrit son nom, mais il n'a pas écrit son adresse.

M. Berger a nettoyé les fenêtres, mais il n'a pas nettoyé la voiture.

Mme Berger a fait les lits, mais elle n'a pas encore fait la vaisselle.

Nous avons mangé nos sandwiches, mais nous n'avons pas encore bu le café.

C'est l'anniversaire de Jeanette demain, mais je n'ai pas encore acheté un cadeau.

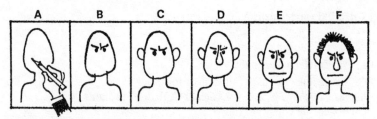

A   Il a dessiné la tête mais il n'a pas encore dessiné les yeux.
B   Il a dessiné les yeux, mais il n'a pas encore dessiné les oreilles.
C   Il a dessiné les oreilles mais il n'a pas encore dessiné le nez.
D   Il a dessiné le nez, mais il n'a pas encore dessiné la bouche.
E   Il a dessiné la bouche, mais il n'a pas encore dessiné les cheveux.
F   Maintenant il a dessiné les cheveux.

III Qu'est-ce qu'il n'a pas encore fait?
A–E.

IV Combien d'oreilles avez-vous? J'en ai deux.
Combien de nez avez-vous? J'en ai un.
Combien de têtes avez-vous? J'en ai une.
Combien de cheveux avez-vous? Je ne sais pas.

Maintenant répondez:
1   Combien de bouches avez-vous?
2   Combien de pieds avez-vous?
3   Combien de jambes avez-vous?
4   Combien de dos avez-vous?

(B) Dans un restaurant

  (*a*) Garçon, apportez-moi du pain, s'il vous plaît.
    –Voilà, monsieur. (Il a mis une corbeille sur la table.)
  (*b*) Apportez-moi de l'eau de Vichy, s'il vous plaît.
    –Une bouteille, monsieur?
    –Non, une demi-bouteille.
    –Voilà, monsieur. (Il a mis une petite bouteille sur la table.)
  (*c*) Donnez-moi de la moutarde, s'il vous plaît.
    –Voilà, monsieur. (Il a mis la moutarde sur la table.)
  (*d*) Il n'y a pas de serviette.
    –Voilà, monsieur. (Il a donné une serviette au monsieur.)
  (*e*) C'est tout, monsieur?
    –Non, donnez-moi la carte. Je vais maintenant commander le
    repas.

V (*a*) 1 Qu'est-ce que le garçon a apporté?
      Il a apporté du pain.
    2 Qu'est-ce qu'il a mis sur la table?
      Il a mis une corbeille sur la table.
  (*b*) 3 Qu'est-ce que le garçon a apporté?
    4 Qu'est-ce qu'il a mis sur la table?
  (*c*) 5 Qu'est-ce qu'il a mis sur la table?
  (*d*) 6 Qu'est-ce qu'il a donné au monsieur?
  (*e*) 7 Qu'est-ce qu'il va donner au monsieur?
    8 Qu'est-ce que le monsieur va faire?

Vocabulaire

j'ai été, *I've been, I was*
causer, *to chat*
imiter, *to imitate*
populaire, *popular*
amusant, *amusing*
la belotte, *French game of cards*
une soirée, *evening*
tricoter, *to knit*
il a écrit, *he wrote*
les yeux, *eyes* (un œil, *eye*)
dessiner, *to draw*

une oreille, *ear*
un nez, *nose*
une bouche, *mouth*
les cheveux (m.), *hair*
une jambe, *leg*
le dos, *back*
apporter, *to bring*
il a mis, he *put*
la moutarde, *mustard*
commander, *to order*

Notes

Perfect

(*a*) Since it was '*samedi soir*', *nous avons causé* (we chatted); *nous avons bu* (we drank) etc.

(*b*) Irregular past participles, *écrit* (*écrire*), *mis* (*mettre*).

(*c*) In this tense *ne* precedes the auxiliary (the helping verb) and *pas* follows it. In other words, combine the negative of the present tense of *avoir* with the past participle (Ex. II): **Je n'ai pas** *lu.*

        Je n'ai pas écrit.
        Il n'a pas fait.
        Nous n'avons pas été.
        Ils n'ont pas mis.

Unit 40 (quarante)

Ce matin Carlo a reçu une lettre de sa mère.
Il a ouvert la lettre.
Il a lu la lettre deux fois.
Il a mis la lettre sur la table.
Il a pris une feuille de papier à lettres.
Il a écrit une lettre à sa mère.
Il a mis la lettre dans une enveloppe.
Il a écrit l'adresse sur l'enveloppe.
Il a mis un timbre sur l'enveloppe, et il a mis la lettre dans la boîte aux lettres.

I Vous avez reçu une lettre de votre ami(e).
Qu'est-ce que vous avez fait?
–J'ai ouvert la lettre . . .
Complétez la série d'actions.

II Apprenez cette série d'actions.

III *Ask me if* . . .
1 Demandez-moi si Carlo a reçu une lettre hier.
  –Est-ce que Carlo a reçu une lettre hier?
2 Demandez-moi s'il a ouvert la lettre.
  –Est-ce qu'il . . . ?
3 Demandez-moi s'il a lu la lettre trois fois.
  –Est-ce qu'il . . . ?
4 Demandez-moi s'il a mis la lettre dans sa poche.
  –. . .
5 Demandez-moi s'il a écrit une lettre à son père.
  –. . .

'Heureux Anniversaire.'
C'est l'anniversaire de Carlo.
Il a reçu une lettre de ses parents.
Il a ouvert la lettre et a trouvé de l'argent.
Il a reçu une carte postale de sa petite sœur Lola. Elle lui a écrit: 'Heureux anniversaire.'
Il a reçu un paquet de son frère Manuel.
Il a ouvert le paquet et a trouvé une lettre et des mouchoirs.

IV 1 De qui a-t-il reçu une lettre? Il a reçu . . .
  2 De qui a-t-il reçu une carte postale?
  3 De qui a-t-il reçu un paquet?
  4 Qu'est-ce qu'il a trouvé dans l'enveloppe de ses parents?
  5 Qu'est-ce que Lola lui a écrit?
  6 Qu'est-ce qu'il a trouvé dans le paquet?

V Bonjour Carlo. Qu'est-ce que vous avez reçu pour votre anniversaire? De qui? J'ai reçu . . . 1, 2, 3.

Lecture

Aujourd'hui, a dit Conchita, je vais vous raconter une histoire du petit garçon de cinq ans qui habite dans l'appartement à côté de nous, dans notre immeuble. Il arrive souvent chez moi et me raconte ce qu'il a fait. Il a été en Angleterre et a passé deux semaines à Londres. Hier soir il m'a raconté tout ce qu'il a fait et tout ce qu'il a vu. Il a vu la Maison du Parlement, la Tour de Londres, la Cathédrale de Westminster, etc. . . .' Mais c'est surtout notre poste de radio qui est formidable' a-t-il dit. 'Figurez-vous, mademoiselle, quand il est en Angleterre, il parle anglais et en France il parle français.'

VI 1 Quel âge a le petit garçon?
  2 Où est-ce qu'il habite?
  3 Où est-ce qu'il arrive souvent?
  4 Combien de temps a-t-il passé à Londres?
  5 Qu'est-ce qu'il a raconté?
  6 Que fait le poste de radio en Angleterre?
  7 Que fait le poste de radio en France?

VII Faites des phrases:

Il m'a raconté (tout)	ce qu'il a	fait
Il nous a raconté		vu
Il lui a raconté		entendu
Il leur a raconté		lu
		écrit
		dit

(ce qu(e) = *what*; tout ce qu(e) = *everything or all that*)

Vocabulaire

il a ouvert, *he opened*
une feuille de papier, *sheet of paper*
une carte postale, *postcard*
une histoire, *story*
souvent, *often*
ce que, *what*

surtout, *above all*
un poste de radio, *radio set*
formidable, *fantastic*
figurez-vous, *just imagine*
il a entendu, *he heard*

Notes

(a) Perfect (1) Series of past actions: 'he received', 'opened', 'read', etc.
     (2) Irregular past participles: *ouvert (ouvrir)*
                   dit (dire)

(b) *Lui* (to him, to her); *leur* (to them).
  'He gave him a book', *il lui a donné un livre.* (He gave a book to him.)
  'He sent her a letter', *il lui a envoyé une lettre.*
  'She told them a story', *elle leur a raconté une histoire.*

(c) Ex.VII. Notice that the position of *me, nous, lui, leur,* is before the verb and, in the perfect tense, before the auxiliary verb.

(d) *A-t-il dit*, 'said he'. After direct speech there is always inversion of *il a dit, elle a dit, ils ont dit*, etc. They become *a-t-il dit, a-t-elle dit, ont-ils dit.*

Unit 41 (quarante et un)

M. Cartier: Bonjour tout le monde. Vous avez congé cet après-midi. Dites-moi, s'il vous plaît, ce que vous allez faire.

Hans: Moi, je vais changer des chèques de voyage à la Banque. Je n'ai plus d'argent.

John: J'ai perdu mon plan-guide de Paris. Je vais acheter un nouveau plan-guide à une librairie, et aussi du papier à lettres. Et vous, Nina?

Nina: Je n'ai plus de dentifrice. Je vais acheter un tube dans une pharmacie et aussi une nouvelle brosse à dents. Alors je vais faire une promenade.

Conchita: J'ai perdu mon porte-monnaie. Je vais aller au commissariat de police.

Ingrid: Je n'ai plus d'essence. D'abord je vais chercher un garage, et ensuite je vais chez la coiffeuse.

Carlo: Je vais aller au Café des Etudiants. Je vais prendre l'apéritif et causer avec mes amis. Amusez-vous bien! Et vous, Monsieur Cartier, qu'est-ce que vous allez faire?

M. Cartier: Je vais jouer au tennis. Il fait très beau, et je ne veux pas rester à la maison.

I Fluency practice

(a) Je n'ai plus
| d'argent. |
| de papier à lettres. |
| d'essence. |
| de dentifrice. |

(b)
Je vais	jouer au tennis.
Je veux	changer des chèques de voyage.
Il veut	acheter un plan-guide.
Elle veut	acheter une brosse à dents.
Nous voulons	trouver mon porte-monnaie.
	acheter de l'essence.
Ils veulent	causer avec mes amis.
	rester à la maison.

II

1 Qu'est-ce qu'Hans va faire? Pourquoi?
(Parce qu'il n'a plus d'argent.)

2 Qu'est-ce que John va faire. Pourquoi?
(Parce qu'il a perdu son plan-guide.)

3 Qu'est-ce que Nina va faire? Pourquoi?

4 Qu'est-ce que Conchita va faire? Pourquoi?
5 Qu'est-ce qu'Ingrid va faire d'abord? Pourquoi?
6 Qu'est-ce que Carlo va faire? Pourquoi?
7 Qu'est-ce que Monsieur Cartier va faire? Pourquoi?

Apprenez les questions. Donnez les réponses.

III Et vous, qu'est-ce que vous allez faire dimanche matin, après-midi, soir?

Hans demande son chemin.

Hans: Pardon, monsieur, où est la Banque Nationale, s'il vous plaît?

Le monsieur: Vous tournez à droite, là, devant le bureau de poste: vous prenez la première rue à gauche; vous passez devant le cinéma et la Banque Nationale est au coin de la rue.

Hans: Merci beaucoup, monsieur. (Il répète.) Alors je tourne à droite, là, devant le bureau de poste; je prends la première rue à gauche; je passe devant le cinéma et la Banque est au coin. Allons-y.

Conchita demande son chemin.

Conchita: Pardon, monsieur l'agent, où est le Commissariat de police? J'ai perdu mon porte-monnaie.

L'agent: Allez tout droit, mademoiselle, pour trois cents mètres jusqu'aux feux. Puis, tournez à gauche, et traversez la rue. Continuez pendant deux cents mètres et voilà le Commissariat à droite. J'espère que vous allez retrouver votre porte-monnaie.

Conchita: Merci beaucoup, monsieur. (Elle répète.) Je vais tout droit pour trois cents mètres; puis je tourne à gauche et je traverse la rue. Je continue pendant deux cents mètres. Allons-y.

IV Avez-vous acheté quelque chose en ville?
Oui, j'ai acheté une robe. (1)
De quelle couleur est-elle?
Elle est verte. (2)
En quoi est-elle?
Elle est en coton. (3)

Now make five modified conversations, using the columns below:

1	2	3
une serviette	brun(e)	cuir
une jupe	bleu(e)	nylon
une cravate	rouge	soie
un imper	noir	plastique
un manteau	gris	laine

Vocabulaire

dites-moi, *tell me*
une banque, *bank*
ne . . . plus, *no more*
j'ai perdu, *I've lost* (perdre)
un plan-guide, *guide book with maps*
du papier à lettres, *writing paper*
une brosse à dents, *toothbrush*
une pharmacie, *chemist's shop*
un porte-monnaie, *purse*
le Commissariat, *police station*
Ils veulent, *they want* (vouloir)
le chemin, *way, road*
tout droit, *straight on*

jusqu'aux prochains feux, *to the next traffic lights*
j'espère, *I hope*
allons-y, *let's go!*
quelque chose, *something, anything*
En quoi est-elle? *What is it made of?*
le coton, *cotton*
brun(e), *brown*
le cuir, *leather*
une jupe, *skirt*
la soie, *silk*
la laine, *wool*

Notes

(a) The partitive article in the negative. (Revision)
Just as *J'ai du vin* becomes *je n'ai pas de vin*, so we have:
Je n'ai plus de dentifrice, etc.
J'ai de la salade becomes *je n'ai plus de salade*.
J'ai de l'argent becomes *je n'ai plus d'argent*.

(b) ne . . . plus (no more, no longer) occupies exactly the same position as ne . . . pas, in the sentence.

(c) This Unit also revises Unit 22—the Immediate Future. See Ex. I(b) for a summary.

(d) Past participle *perdu (perdre)*, like *vendu (vendre)*, *attendu (attendre)* (regular verbs in –re).

Unit 42 (quarante-deux)

Conchita entre dans le Commissariat (le poste de police)

L'agent:	Qu'est-ce qu'il y a, mademoiselle?
Conchita:	J'ai perdu mon porte-monnaie, monsieur.
L'agent:	Où ça, mademoiselle?
Conchita:	Je ne sais pas, monsieur. Je l'ai cherché partout.
L'agent:	Vous avez pris le métro?
Conchita:	Non. J'ai pris l'autobus.
L'agent:	Ah, vous avez peut-être laissé votre porte-monnaie dans l'autobus?
Conchita:	Oui, c'est possible.
L'agent (à un autre agent):	Est-ce qu'on a rapporté un porte-monnaie aujourd'hui?
L'autre agent:	Non, pas aujourd'hui.
L'agent:	Est-ce qu'il y a beaucoup d'argent dans le porte-monnaie?
Conchita:	Non, monsieur, mais il y a la clef de l'appartement. Il y a aussi un permis de conduire et ma carte d'identité.
L'agent:	Il y a votre adresse dans votre porte-monnaie?
Conchita:	Non, monsieur.
L'agent:	Heureusement. Il y a beaucoup de voleurs à Paris. Vous n'avez pas d'autre clef?
Conchita:	Non, monsieur, mais il y a une concierge à l'immeuble.
L'agent:	Ecoutez, mademoiselle. Allez d'abord à la Gare Routière qui est tout près. A la sortie du Commissariat tournez à gauche, et continuez dans cette rue pour 300 mètres. La Gare est à gauche. Si vous ne retrouvez pas votre porte-monnaie, allez demain au Bureau des Objets Trouvés; voici l'adresse: 36, rue des Morillons, 15e arrondissement. Voulez-vous bien remplir cette fiche? Je vais vous téléphoner si un porte-monnaie arrive ici.
Conchita:	Merci, monsieur. Vous êtes bien aimable.

I On a volé votre voiture. Vous allez au commissariat. Voici les questions du commissaire. Ecrivez les réponses en bas dans l'ordre correct. *(Put the answers given at the end of the exercise in the correct order.)*

1 Qu'est-ce qu'il y a, monsieur?
2 Où ça?
3 Quand?
4 Quelle est la marque de votre voiture?
5 De quelle couleur est-elle?
6 Quel est le numéro?
7 Vous l'avez fermée à clef?
8 Vous croyez? Vous n'êtes pas sûr?
9 Quel est votre nom, votre adresse, et votre numéro de téléphone?
10 Vous avez votre permis de conduire et votre attestation d'assurance?

(Merci. Je vais faire une enquête. Je vais vous téléphoner.)

Voici les réponses du monsieur.

Ce matin, entre dix et onze heures.
Je crois que oui.
C'est une Renault 4.
On a volé ma voiture.
Non, monsieur.
Elle est grise.
Devant mon bureau.
6301, ZA, 06.
Les voici.
Louis Martin, 36 avenue des Oliviers, 86, 33, 13.

II Vous avez perdu votre sac, peut-être dans le métro. Vous allez au commissariat. Inventez la conversation avec le commissaire.

III J'ai perdu

mon porte-monnaie.	Je l'ai cherché dans mon sac.
mon sac.	Je l'ai cherché partout.
ma clef.	Je l'ai cherchée dans toutes mes poches.
ma montre.	Je l'ai cherchée dans toute la maison.
mes gants.	Je les ai cherchés dans tous les tiroirs.
mes lunettes.	Je les ai cherchées partout.

Où avez-vous cherché votre porte-monnaie?
–Je l'ai cherché dans mon sac.

Continuez: Où avez-vous cherché votre sac, etc. . . .?

Posez la question et donnez la réponse.

*IV Modèle

Answer the above questions using the clues below:
A Je...   B Je...   C Le chat...
D Toto...   E Le chien...   F Lulu...
(*Use these verbs:* laisser, casser, manger, boire, prendre, couper.)

V *Revision.*

Conversations

(*a*) –J'ai très soif. Est-ce qu'il y a de la bière dans le frigo?

–Non, il n'y a plus de bière, mais il y a du coca-cola et de l'orangeade.

–Bon, je prends de l'orangeade, s'il vous plaît.

(*b*) –J'ai très faim. Est-ce qu'il y a encore du jambon? Je voudrais un sandwich au jambon.

–Non, il n'y a plus de jambon, mais il y a de la viande froide.

–Bon, je prends un sandwich avec de la viande froide.

(*Change the items round:* e.g., Est-ce qu'il y a (du lait) dans le frigo?)

Vocabulaire

peut-être, *perhaps*
laisser, *to leave*
rapporter, *to bring back*
un permis de conduire, *driving licence*
heureusement, *luckily*
un voleur, *thief*
une concierge, *caretaker*
la sortie, *exit*
la Gare Routière, *bus and coach station*
le Bureau des Objets Trouvés, *Lost Property office*

voler, *to steal*
en bas, *below*
Qu'est-ce qu'il y a? *What's the matter?*
la marque, *make*
fermer à clef, *to lock*
Vous croyez? *You think so?*
sûr(e), *sure*
une attestation d'assurance, *insurance certificate*
un tiroir, *drawer*
le frigo, *refrigerator*

Note

Agreement of the past participle.

Look at Ex. III. In the first column *perdu* is unchanged, although the direct objects in the second column vary in gender and number. These direct objects all **follow** the verb.

In the third column, a pronoun is used as the direct object and now it **precedes** the verb. The past participle ending is now changed according to the gender of the **preceding** direct object pronoun, adding an *–e* for the feminine, *–s* for the masculine plural and *–es* for the feminine plural.

Thus in the perfect tense formed with *avoir* (i.e. *j'ai, il a, elle a, nous avons,* etc.) the past participle agrees with the **preceding direct object**. This only rarely involves a change in pronunciation; *cherché, cherchée, cherchés, cherchées* all have the same pronunciation. The pronunciation is affected only when the last letter of the past participle **masculine singular** is *s* or *t*: e.g., *je l'ai prise, je l'ai écrite, je l'ai ouverte, je l'ai faite, je l'ai mise.*

Unit 43 (quarante-trois)

A la Banque

L'employé:	Vous désirez, monsieur?
Hans:	Je voudrais changer des chèques de voyage allemands en argent français.
L'employé:	Combien, monsieur?
Hans:	Mille Marks, monsieur.
L'employé:	Montrez-moi votre passeport.
Hans:	Le voici.
L'employé:	Je vais vérifier le cours officiel du change. (Il fait un calcul.)
	Ça fait deux mille (2000) francs, monsieur.
	Signez vos chèques. Merci.
	Voici votre numéro. Passez à la caisse.
	Au suivant!

A la caisse il y avait une petite queue. Le caissier a appelé les numéros tour à tour et enfin c'était le tour de Hans. Il a donné le jeton au caissier qui lui a demandé: 'Comment voulez-vous les 2000 francs?'

Hans:	En billets de cent francs, monsieur.
Le caissier:	Les voilà, monsieur. Un, deux, trois . . . vingt billets.

'Merci beaucoup,' dit Hans. Il a mis les vingt billets dans sa poche et a quitté la Banque.

A la pharmacie

Pharmaciste:	Qu'est-ce que c'est, mademoiselle? Vous avez une ordonnance?
Nina:	Non, monsieur. Je voudrais une brosse à dents, s'il vous plaît.
Pharmaciste:	Voici une belle brosse, très robuste.
Nina:	Et un tube de dentifrice.
Pharmaciste:	Quelle marque désirez-vous?
Nina:	La marque Colgate.
Pharmaciste:	Vous voulez peut-être des savonnettes?
Nina:	Oui, monsieur. Une savonnette, et enfin de l'aspirine en comprimés. J'ai un peu mal à la tête.
Pharmaciste:	Les voici. Suivez les indications sur le paquet. C'est tout, mademoiselle?

Nina: Oui, c'est tout pour aujourd'hui. C'est combien,
                 monsieur?
Pharmaciste: Ça fait 18 francs.
Nina lui a donné 18 francs et a quitté le magasin.

I   Lisez et apprenez:

(a) Voudriez-vous me montrer le manteau gris que j'ai vu dans
    la vitrine hier?

–Je regrette, madame, je l'ai déjà vendu.

La cravate bleue, alors?

–Je l'ai aussi vendue.

Les gants noirs?

–Je les ai déjà vendus.

Les chaussures grises, peut-être?

–Non, je les ai aussi vendues. Vous n'avez pas de chance,
madame.

*Complétez:

(b) 1 Avez-vous vu le nouveau film à l'Odéon?

   –Oui, je l'ai déjà vu.

2 Avez-vous lu la lettre de maman?

   –Oui, je . . .

3 Fermez la fenêtre, s'il vous plaît. Il fait froid.

   –Mais je . . .

4 Ouvrez la porte, s'il vous plaît. Il fait chaud.

   –Mais je . . .

5 Vous allez écrire les cinq lettres à la machine, n'est-ce pas,
   mademoiselle?

   –Je . . ., monsieur.

6 Vous avez acheté les billets pour la nouvelle pièce au
   théâtre, chéri?

   –Oui, je . . . ce matin.

7 Vos papiers, monsieur, s'il vous plaît?

   –Oh, Mon Dieu, je . . . oubliés; je . . . laissés à la maison.

'Le', 'la', 'les' before an infinitive.

II   Examples:

Nina a acheté un nouveau chapeau. Elle va le mettre demain.

Carlo a acheté une belle cravate. Il va la mettre ce soir.

J'ai reçu une cravate jaune. Je vais la porter ce soir.

J'ai acheté deux pommes. Je vais les manger tout de suite.

*Now complete these and repeat the sentences:

1 Voilà	un beau chapeau.	Je vais . . . montrer à ma mère.
2	une belle robe.	Je vais . . . porter ce soir.
3	un beau sac.	Je vais . . . donner à mon mari.
4	des beaux gants.	Je vais . . . donner à ma femme.
5	des belles fleurs.	Je vais . . . mettre dans un vase.

6 Voici un livre intéressant.   Je vais . . . lire.

7 Les enfants ont des glaces.   Ils vont . . . manger.

8 Jeanne a vu un beau sac dans la vitrine.   Elle va . . . acheter.

9 On nous a donné des disques.   Nous allons . . . passer cet après-midi.

Vocabulaire

le cours officiel du change, *official rate of exchange*

signer, *to sign*

une queue, *queue*

un caissier, *cashier*

tour à tour, *in turn*

un jeton, *small metal disc bearing a number*

un tube de dentifrice, *tube of toothpaste*

une ordonnance, *prescription*

une savonnette, *piece of soap*

de l'aspirine en comprimés, *aspirin tablets*

avoir mal à la tête, *to have a headache*

suivez, *follow*

les indications, *instructions*

une pièce, *play*

oublier, *to forget*

Reference Vocabulary

Pharmacie

un cachet, *tablet*

une pommade, *ointment*

un rhume, *cold*

un laxatif, *laxative*

une lotion, *lotion*

un calmant, *tranquillizer*

un somnifère, *sleeping pill*

du coton hydrophile, *cotton-wool*

un produit de beauté, un produit de maquillage, *cosmetic*

Banque

Chèque barré, *crossed cheque*

toucher un chèque, *to cash a cheque*

un carnet de chèques, *book of cheques*

un chèques en blanc, *blank cheque*

payez à moi-même, *pay self*

acquitter un chèque, *endorse*

Comment voulez-vous les mille francs ? *How do you want the 1000 fr ?*

Note

Le, la, les before an infinitive.

The infinitive never changes. When *le, la, les* are the object of an infinitive, they precede it. See the examples in Ex. II.

Unit 44 (quarante-quatre)

John est dans la librairie-papeterie

John: Pardon, mademoiselle, avez-vous du papier à lettres ?

Vendeuse: Oui, monsieur, nous avons des paquets de cinquante ou de cent feuilles. Lequel désirez-vous ?

John: Je prends un paquet de cinquante feuilles.

Vendeuse: Et des enveloppes, monsieur ?

John: Oui, un paquet de cinquante.
Je voudrais aussi des feuilles de papier à machine.

Vendeuse: Voici un paquet de cinq cents feuilles.

John: Je voudrais un plan-guide de Paris, avec un plan du métro, des autobus, et une liste des rues.

Vendeuse: Voici un très bon guide avec tous les plans, et qui indique les monuments.

John: C'est combien, mademoiselle ?

Vendeuse: C'est quarante-cinq francs en tout.

John lui a donné 45 francs, a dit 'Au revoir' et a quitté la librairie.

I   Apprenez la conversation

un shampooing   une coupe   une mise en plis

Chez la coiffeuse

Ingrid a pris un rendez-vous chez la coiffeuse. Elle a téléphoné :

Ingrid: Bonjour, madame. Est-ce que vous pouvez me prendre cet après-midi ?

Coiffeuse: Oui, madame. A trois heures. Quel est votre nom et votre adresse, s'il vous plaît ?

A trois heures :

Ingrid: Bonjour, madame. J'ai pris un rendez-vous pour trois heures.

Coiffeuse: A quel nom?

Ingrid: Svensen.

Coiffeuse: Bien. Asseyez-vous ici. Que désirez-vous?

Ingrid: Je voudrais d'abord un shampooing et ensuite une coupe et une mise en plis.

Coiffeuse: Bien, mademoiselle.
(Shampooing)
Vous voulez une teinture?

Ingrid: Non, merci. Je ne veux pas de teinture.

Coiffeuse: Vous avez raison. Vous avez une belle couleur naturelle.
(Coupe, mise en plis)
Passez sous le séchoir, s'il vous plaît. Vous voulez quelques magazines?

Ingrid: Oui, s'il vous plaît.

Une demi-heure plus tard, Ingrid a payé la coiffeuse, lui a donné un pourboire, et a quitté le salon de coiffure.

II Le lendemain matin, M. Cartier a posé des questions à la classe:
'Où avez-vous été hier après-midi?'

Conchita: J'ai été au Commissariat, monsieur.

'Pourquoi?'

Conchita: Parce que j'ai perdu mon porte-monnaie.

'Vous l'avez retrouvé?'

Conchita: Non, monsieur. Pas encore.

'Et vous Hans?'

Hans: J'ai été à la banque, parce que je n'avais plus d'argent. J'ai changé des chèques de voyage.

1 Et vous John? J'ai été... où j'ai acheté...

2 Et vous, Ingrid? J'ai été chez la... où j'ai eu...

3 Et vous, Nina?...

4 Et vous, Carlo? J'ai été au café pour...

III *Revision*

Le caissier a donné deux mille francs à Hans.

Il lui a donné deux mille francs.

Nina a donné dix-huit francs au pharmacien.

Elle lui a donné dix-huit francs.

John a donné quarante-cinq francs au libraire.

Il lui a donné quarante-cinq francs.

La mère a donné une orange à ses deux enfants.

Elle leur a donné une orange.

IV Lisez, apprenez, et complétez:

Nous avons des paquets de cinquante ou de cent feuilles.
Lequel désirez-vous? Je voudrais un paquet de cent.
J'ai une cravate bleue et une cravate rouge.
Laquelle désirez-vous? Je . . .
Nous avons des gants en plastique et des gants en coton.
Lesquels voulez-vous? Je . . .
J'ai des chaussures bleues et des chaussures noires.
Lesquelles voulez-vous? Je . . .

V Pardon, monsieur. Je voudrais (acheter des cigarettes). (1)
Est-ce qu'il y a (un bureau de tabac) (2) près d'ici?
Oui, monsieur, il y en a un(e) (tout près). (3)
Make up similar conversations using the 3 columns below.

1	2	3
acheter des timbres	un bureau de poste	à cent mètres
acheter un plan-guide	un kiosque	au coin de la rue
acheter de l'aspirine	une pharmacie	dans la première rue à droite
téléphoner	une cabine téléphonique	au bout de la rue
obtenir de l'essence	un garage	dans la deuxième rue à gauche
prendre le car pour Lyon	une Gare Routière	sur la Place du Marché

Vocabulaire

une librairie-papeterie, *bookseller's and stationer's*
du papier à machine, *typing paper*
indiquer, *to indicate*
un monument, *public building or monument*
j'avais, *I was*
un shampooing, *shampoo*
une coupe, *(hair) cut*

une mise en plis, *(hair) set*
une teinture, *tinting*
vous avez raison, *you are right*
un séchoir, *hair drier*
lequel, laquelle? *which?* (sing.)
lesquels, lesquelles? *which?* (pl.)
un libraire, *bookseller*
obtenir, *to obtain*
tout près, *quite near*

Unit 45 (quarante-cinq)

D'habitude Carlo va à l'école en métro. Mais ce matin, le six mai, il est allé à l'école en autobus.
(a) Il est sorti de la maison à huit heures et demie.
(b) Il est arrivé à l'école à neuf heures.
(c) Il est entré dans la salle de classe deux minutes plus tard.
(d) Il est sorti de l'école à midi.
(e) Il est rentré à la maison à midi et demi.

I   1 D'habitude, comment va-t-il à l'école?
     2 Ce matin, quelle est la date? C'est . . .
     3 Comment est-il allé à l'école le six mai?
     4 Quand est-il sorti de la maison?
     5 Quand est-il arrivé à l'école?
     Maintenant posez la question 'Quand est-il?' pour (c), (d), (e), et donnez la réponse.

II   **Vous posez cette question à Carlo.**
     'Qu'est-ce que vous avez fait ce matin?' Il répond:
     'Je suis allé à l'école.'
     Posez les questions sur (a)—(e) à Carlo et donnez les réponses:
     e.g., 'Quand êtes-vous sorti de la maison?'
             'Je suis sorti . . .'

     Ingrid aussi est allée à l'école.
     1 Elle est sortie de l'appartement à 8h. 40.
     2 Elle est arrivée à l'école à 9h. 5.
     3 Elle est entrée tout de suite dans la salle de classe.
     4 Elle est sortie de l'école à midi cinq.
     5 Elle est rentrée à pied à l'appartement.

III 'Qu'est-ce que vous avez fait ce matin, Ingrid?'
     'Je suis allée à l'école.'
     Complétez 1—5.

IV   *Write a similar series about your own actions this morning (or evening), selecting from these tables:*
     1 Ce matin (ce soir) je suis allé(e) . . .
     2 Je suis sorti(e) | de la maison | à . . . *(Times)*
                        | de l'appartement |

3 Je suis arrivé(e) | au bureau | à ...
au marché
au café
au collège
au magasin
à la gare
à l'usine
à l'école
etc.

4 Je suis entré(e) dans | le bureau | à ...
le marché
etc.

5 Je suis sorti(e) | du bureau | à ...
du café
de la gare
de l'école
etc.

6 Je suis rentré(e) à la maison à ...

Then ask other students what they have done today.

John écrit à sa mère en Angleterre.

16 rue Racine,
Paris, 13e
dimanche, le 16 octobre

Chère Maman,

Merci beaucoup de ta lettre et de l'argent que tu m'as envoyé.

Quel temps fait-il en Angleterre? Ici à Paris il fait mauvais temps. Il fait froid et il pleut.

Hier, cependant, il a fait beau et je suis allé faire une promenade à la campagne avec trois autres étudiants—Nina, qui est Italienne, Conchita, qui est Espagnole et Hans, qui est Allemand. Nous avons pris le train jusqu'à Marlotte et de là nous avons fait dix kilomètres dans la Forêt de Fontainebleau. Hans a voulu marcher beaucoup plus vite que nous, mais heureusement Conchita et Nina ont refusé de le faire et nous avons fait une promenade très agréable.

Vendredi dernier je suis allé aux Grandes Galeries, où j'ai acheté deux chemises jaunes—très bon marché, et un pantalon—beaucoup plus cher.

A l'Ecole Unique de Français notre professeur s'appelle Monsieur Cartier. Il est bon professeur et très sympa. Dimanche dernier il nous a invités à passer une soirée chez lui. Il habite dans un assez grand appartement près de l'Ecole avec sa femme et ses deux enfants, Julie qui a douze ans, et Michel qui a dix ans. Sa femme est très gentille.

Je t'écris en français pour te montrer mes progrès, qui sont formidables, n'est-ce pas?

Bien affectueusement,
John

V 1 Qu'est-ce que John a reçu de sa mère?
2 Quel temps fait-il à Paris le 16 octobre?
3 Et le 15 octobre, quel temps a-t-il fait?
4 Est-ce que John est resté en ville le 15? Non, il . . .
5 Est-ce qu'il est allé seul à la campagne?
6 Où sont-ils arrivés par le train?
7 Est-ce que Conchita a voulu marcher plus vite ou plus lentement que Hans?
8 Quand John est-il allé aux Grandes Galeries? Le 16 octobre?
9 Qu'est-ce qu'il a acheté aux Grandes Galeries?
10 Est-ce que les deux chemises étaient très chères? Non, elles
étaient . . .
11 Où John est-il allé le neuf octobre?
12 Est-ce que M. Cartier habite loin de l'Ecole?
13 Combien d'enfants a-t-il?
14 Est-ce que Julie est plus jeune ou plus âgée que Michel?

VI Fluency practice

Il m'a invité	à	passer la soirée avec lui.
Il nous a invités		déjeuner avec sa famille.
Il vous a invités		aller au théâtre avec lui.
Il les a invités		

Vocabulaire

d'habitude, *usually*
il est allé, *he went (see Note (a))*
rentrer, *to return*
une usine, *factory*
Quel temps a-t-il fait? *What was the weather like?*
une forêt, *forest*
agréable, *pleasant*

il a voulu, *he wanted*
sympa(thique), *likeable*
chez lui, *at his house*
gentil(le), *nice*
le progrès, *progress*
affectueusement, *affectionately*
loin de, *far from*
il est resté, *he remained*

Notes

(a) A few very common verbs form their Perfect Tense with the present tense of *être* (*je suis*, *il est*, etc.) and the past participle. The Perfect Tense in French often has the meaning of the simple past tense in English: e.g., *il est allé* (he went); *il est arrivé* (he arrived); *il est sorti* (he went out). It sometimes has the meaning of the present perfect tense in English: i.e., 'he has arrived', 'he has gone out': e.g., *le train est déjà arrivé* (the train has already arrived). The list of verbs whose Perfect Tense is formed with *être* is on p. 197.

(b) The past participle used with *être* agrees with the subject of the verb (like an adjective): e.g.,

  Carlo est arrivé.   Ingrid est arrivée.

  Carlo et John sont arrivés.   Nina et Conchita sont arrivées.

(c) Note the irregular past participle *voulu* from *vouloir*.

(d) *Bon marché* (cheap) is invariable; its spelling never changes.

(e) Use the tables in Ex. IV for fluency practice. Change the person of the verb: e.g., *nous sommes, elle est* . . .

Unit 46 (quarante-six)

D'habitude, le matin je descends à 7h. 30.
Mais ce matin je suis descendu à 8 heures.

1 Je suis descendu trop vite et je suis tombé dans l'escalier.
2 Je suis entré dans la salle à manger.
3 J'ai pris le petit déjeuner. J'ai mangé du pain avec du beurre et de la confiture.
4 J'ai bu du (thé, café, lait, chocolat).
5 Je suis parti à 8h. 30.
6 Je suis allé à la gare à pied.
7 Je suis monté dans le train.
8 Je suis arrivé à ma destination à 9h. 30—une demi-heure trop tard.

I *Learn this series.*

II Qu'est-ce qu'il a fait ce matin?
1 Il est descendu trop vite et il . . . etc.
Complétez 2–8.

III Faites des phrases:

Je suis allé	au cinéma	hier soir.
Il est allé	au théâtre	lundi soir.
Elle est allée	au club	la semaine dernière.
	à la disco	il y a deux jours.
	à la piscine	ce matin.
	à l'église	dimanche dernier.

IV Posez ces questions (*Ask these questions*):
1 Quand êtes-vous allé (au cinéma, etc.)?
2 Où êtes-vous allé (hier soir, etc.)?
3 Qu'est-ce que vous avez fait (lundi soir, etc.)?
. . . et donnez des réponses. (*Give the answers. Use Ex. III.*)

M. Cartier parle à la classe.

Samedi soir, je suis sorti à sept heures. Je suis allé au cinéma, et je suis rentré à 10h. 30. Qui est sorti samedi soir? Hans, êtes-vous sorti ou êtes-vous resté à la maison?

Hans:	Je suis sorti samedi soir, monsieur.
M. Cartier:	A quelle heure?
Hans:	Je suis sorti à huit heures.
M. Cartier:	Où êtes-vous allé?
Hans:	Je suis allé au Club des Etudiants Etrangers.
M. Cartier:	Qu'est-ce que vous avez fait au Club?
Hans:	J'ai joué aux cartes, monsieur.
M. Cartier:	A quelle heure êtes-vous rentré?
Hans:	Je suis rentré à onze heures.
M. Cartier:	Et vous, Conchita, êtes-vous sortie samedi soir?
Conchita:	Non, monsieur. Je suis restée à la maison. J'ai tricoté et j'ai regardé la télévision.
M. Cartier:	Et vous, John?
John:	Je suis allé au théâtre.
M. Cartier:	A quelle heure êtes-vous arrivé au théâtre?
John:	A neuf heures moins le quart. C'était une très bonne pièce.
M. Cartier:	A quelle heure êtes-vous rentré?
John:	Je suis rentré à minuit.
M. Cartier:	Et vous, Carlo?
Carlo:	Je suis resté à la maison. J'ai écouté la radio.
M. Cartier:	Et vous, Ingrid?
Ingrid:	Je suis allée à la piscine et je suis rentrée à 10 heures.
M. Cartier:	Et enfin Nina?
Nina:	Je suis restée à la maison, où j'ai écouté des disques.

V Fluency practice

(a)

M. Cartier	est sorti samedi soir.
Hans	est rentré quelques heures plus tard.

Ingrid est allée	au théâtre.
John est allé	au cinéma.
	au Club des Étudiants.
	à la piscine.
	à l'école.

(b)

Conchita	est resté(e) à la maison.
Carlo	a regardé la télé.
Nina	a écouté des disques.
	a écouté la radio.

(c) A quelle heure êtes-vous | sorti(e)?
                              | rentré(e)?
    Où êtes-vous allé(e)?

VI *Imagine you are each of Monsieur Cartier's students in turn. Say what you did on Saturday evening. Then say what you actually did yourself, choosing phrases from what you have already learnt. Give times for each sentence.*

VII *Revision*

Qu'est-ce qu'on achète dans une boulangerie-pâtisserie?
–On y achète des croissants, du pain, des brioches, des gâteaux etc.
Qu'est-ce qu'on achète dans 1 une pharmacie?
                            2 une librairie-papeterie?
                            3 une fruiterie?
                            4 un bureau de poste?
                            5 un bureau de tabac?
                            6 un supermarché?
                          à 7 une station-service?

VIII *Substitute the numbered items in the columns below, making the necessary changes.*

Est-ce que vous avez vu (1) le film (2) à l'Odéon?
–Non, je ne l'ai pas encore vu. (1)
Je n'ai pas eu le temps.
Quand est-ce que vous allez le voir? (3)
–Demain soir, (4) j'espère.

1	2	3	4
lu(e)	le livre de Simenon	lire	ce soir
écouté(e)	le nouveau disque	écouter	cet après-midi
essayé(e)	votre nouvelle moto	essayer	demain matin
écrit(e)	une lettre à votre tante	écrire	samedi prochain

Vocabulaire

tomber, *to fall*
il y a deux jours, *two days ago*
J'ai eu, *I had*
Je n'ai pas eu le temps, *I hadn't the time*

une station-service, *petrol station*
chez moi, *at my house*
une phrase, *sentence*

Note

Three more verbs which form their Perfect Tense with *être: je suis descendu(e), je suis monté(e), je suis parti(e).*

Unit 47 (quarante-sept)

Encore des questions par M. Cartier

John, comment êtes-vous venu à l'école aujourd'hui?
–Je suis venu en voiture, Monsieur.
Et vous, Hans?
–Je suis venu à pied.
Et vous, Carlo?
–Je suis venu en moto.
Et vous, Ingrid?
–Je suis venue en vélomoteur.
Et vous, Nina?
–Je suis venue en autobus.
Et vous, Conchita?
–Moi, monsieur, je suis venue en auto.

I Apprenez la question et les réponses.

II 1 Comment John est-il venu à l'école?
Il est venu en voiture.
Posez la même question pour les autres et donnez la réponse.

Lisez cette histoire: 'Poisson d'avril':

C'était le premier avril.
   Le petit Jean Gatineau a eu une idée. Il a attaché un poisson à la veste de son père. Son père est parti pour la gare. Il est allé d'abord à l'arrêt d'autobus où il y avait déjà une queue.
   Tout le monde a souri.
   Son ami M. Clavel est arrivé et a dit: 'Poisson d'avril. Regardez votre veste—derrière vous, mon ami.' Alors M. Gatineau a vu le poisson. Il a ri et a dit: 'Je sais bien qui a fait ça!'

III 1 Quelle était la date?

    2 Pourquoi le petit Jean a-t-il attaché le poisson à la veste de son père? Parce que c'était . . .

    3 Est-ce que son père est parti en voiture?

    4 Est-ce qu'il est allé d'abord à la gare?

    5 Qu'est-ce que M. Clavel a vu quand il est arrivé à l'arrêt?

    6 Qu'est-ce qu'il a dit d'abord?

    7 Qu'est-ce que M. Gatineau a fait quand il a vu le poisson?

    8 Qu'est-ce qu'il a dit?

*IV *Revision. (See verb list p. 196.)*

    1 Il prend le petit déjeuner tous les matins.
      Donc hier matin il a pris le petit déjeuner.

    2 Elle met son chapeau tous les jours.
      Donc hier elle a mis son chapeau.

    3 Nous buvons du vin tous les soirs.
      Donc hier soir nous avons bu du vin.

      Now try these:

    4 Il regarde la télévision tous les après-midi.
      Donc hier après-midi il . . .

    5 Nous travaillons tous les jours.
      Donc hier . . .

    6 Je vois ma famille tous les soirs.
      Donc hier soir . . .

    7 Ils nagent dans la piscine tous les samedis.
      Donc samedi dernier . . .

    8 Elle écoute la radio tous les soirs.
      Donc hier . . .

    9 Nous lisons le journal tous les matins.
      Donc . . .

    10 J'écris une lettre à ma fiancée tous les jours.
      Donc . . .

V **Lisez et apprenez:**

Pourquoi n'êtes-vous pas venu au club hier soir?

–Parce que j'étais trop fatigué.

Pourquoi n'êtes-vous pas allé à la piscine?

–Parce que j'étais malade.

Pourquoi n'êtes-vous pas arrivé à l'heure?

–Parce que j'ai eu une panne.

Pourquoi n'êtes-vous pas sorti hier après-midi?

–Parce que mon oncle est arrivé.

Lecture: 'La zone bleue'

–Pourquoi n'êtes-vous pas venue en classe hier après-midi, Conchita?

–Parce que je suis allée au poste de police.

–Pourquoi?

–Hier matin j'ai stationné ma voiture dans une rue différente, et quand je suis sortie de l'école à midi, elle n'était plus là.

–Qu'est-ce que le commissaire vous a dit?

–Il m'a dit que la voiture était dans une zone bleue, une zone à stationnement réglementé. Dans une zone bleue il faut avoir un disque qu'on pose sur le pare-brise de la voiture.

–Est-ce qu'il vous a frappée d'une amende?

–Non, il m'a excusée cette fois, parce que je suis étrangère, et il m'a donné un disque.

–Vous avez eu de la chance. D'habitude il faut payer tout de suite une amende de cent francs. Vous avez retrouvé votre voiture?

–Oui, monsieur. Je l'ai cherchée hier après-midi, et voilà pourquoi je ne suis pas venue en classe.

Vocabulaire

une auto, *car*
un poisson d'avril, *April Fool*
une veste, *jacket*
il y avait, *there was*
il a ri, *he laughed* (rire, *to laugh*)
j'étais, *I was*
malade, *ill*
une panne, *breakdown*
un oncle, *uncle*
Pourquoi n'êtes-vous pas venu? *Why didn't you come?*

stationner, *to park*
le commissaire, *police inspector*
un zone à stationnement réglementé, *controlled parking zone*
un disque, *disc*
une amende, *fine*
frapper d'une amende, *to fine*
un pare-brise, *windscreen*

Note

Irregular past participles:
 il a ri (from *rire*, to laugh);
 il a souri (from *sourire*, to smile);
 il est venue (from *venir*, to come).

Unit 48 (quarante-huit)

Le 6 décembre, pendant la soirée, dans deux arrondissements de Paris, il y a eu une panne d'électricité qui a duré une demi-heure. Elle a commencé à cinq heures du soir. Il n'y avait plus de lumière dans les bâtiments ni dans les bureaux, ni même dans les rues, sauf les phares des autos.

Dans son bureau le patron de Marie Berger (sténodactylo) lui dictait une lettre et elle prenait la lettre en sténo.

Dans un grand magasin Jeannette Berger (vendeuse) vendait une cravate à un monsieur.

M. Berger composait un numéro au téléphone, mais il ne pouvait plus voir les chiffres.

Mme Berger, à la maison, préparait le repas du soir. Elle a allumé une lampe de poche.

Dans les rues, il faisait noir, et les feux de circulation ne marchaient plus. Les agents essayaient de contrôler la circulation.

Nina et Carlo se promenaient dans la rue. Nina dit: 'Allons dans un café; ils ont des bougies. Il faut attendre, n'est-ce pas?' Carlo a dit: 'C'est une bonne idée. J'ai soif et je vous offre un café.'

John était dans sa chambre; il lisait un livre, mais il ne pouvait plus lire. Il a attendu la fin de la panne.

Les enfants Gatineau regardaient la télévision, et ils ont été furieux quand elle ne marchait plus.

M. Gatineau était dans le métro; il lisait son journal. Le train s'est arrêté; il faisait très noir et il ne pouvait plus lire. Sa femme était dans le supermarché; elle achetait des provisions. Elle est restée là pendant la panne.

I Apprenez ces questions et ces réponses:
   1 Que faisait le patron de Marie Berger à cinq heures?
      Il lui dictait une lettre.
   2 Que faisait Marie Berger?
      Elle prenait la lettre en sténo.

3 Où était-elle?
  Elle était au bureau.
4 Où était Jeannette Berger à cinq heures?
  Elle était dans le magasin.
5 Que faisait-elle?
  Elle vendait une cravate à un monsieur.
6 Que faisait le monsieur?
  Il achetait la cravate.
7 Que faisait M. Berger?
  Il composait un numéro au téléphone.
8 Où était Mme Berger?
  Elle était à la maison.
9 Que faisait-elle?
  Elle préparait le repas du soir.

II Maintenant essayez de répondre à ces questions:

1 Est-ce qu'il faisait clair ou noir dans les rues pendant la panne?
2 Qu'est-ce que les agents essayaient de faire? Ils . . .
3 Que faisaient Nina et Carlo à cinq heures? Ils . . .
4 Où était John?
5 Que faisait-il?
6 Que faisaient les trois enfants Gatineau à 5 heures?
7 Où était M. Gatineau?
8 Que faisait-il?
9 Où était sa femme?
10 Que faisait-elle?

III Apprenez:

Il ne pouvait plus	lire le journal.
Elle ne pouvait plus	écrire la lettre.
Ils ne pouvaient plus	dicter la lettre.
	voir les feux de circulation.
	voir les chiffres.
	vendre la cravate.
	prendre la lettre en sténo.
	regarder la télévision.

Pourquoi? Parce qu'il faisait trop noir.
Pourquoi faisait-il si noir? Parce qu'il y a eu une panne d'électricité.

Vocabulaire

un arrondissement, *administrative district of Paris*
il y a eu, *there was*
une lumière, *light*
ni . . . ni, *neither . . . nor*
un phare, *headlamp*
un patron, *boss*
une (sténo) dactylo, *shorthand-typist*
prendre une lettre en sténo, *to take a letter in shorthand*
composer un numéro, *to dial a number*
un chiffre, *number*

un repas, *meal*
allumer, *to light*
une lampe de poche, *torch*
une bougie, *candle*
se promener, *to walk*
sauf, *except*
offrir, *to offer*
la fin, *end*
furieux, *furious*
le train s'est arrêté, *the train stopped*
il faisait noir, *it was dark*
ils ont été, *they were*

Notes

The Imperfect Tense
In this unit it is used mainly to describe what was going on when something happened.
Note the endings: 3rd singular: *il dictait*, he was dictating
　　　　　　　　 3rd plural: *ils marchaient*, they were walking.
Every verb in French has the same endings in the Imperfect Tense. See p. 198 for the full tense and how to form it.
In Unit 49 the 1st singular, 1st and 2nd plural imperfect will be practised. Other uses of this tense are practised in later lessons.

Unit 49 (quarante-neuf)

A Le lendemain de la panne M. Cartier a dit:
Aujourd'hui je vais vous poser trois questions sur la panne d'électricité.

1. Où étiez-vous à cinq heures?
2. Que faisiez vous?
3. Qu'avez-vous fait quand la panne a commencé?

Nina: Je me promenais dans la rue avec Carlo. Nous sommes entrés dans un café où il y avait un peu de lumière et Carlo m'a offert un café.

John: J'étais dans ma chambre. Je lisais un livre. J'ai fermé le livre.

Conchita: Je conduisais ma petite voiture dans l'avenue des Gobelins. J'ai allumé les phares et j'ai roulé beaucoup plus lentement.

Ingrid: Je descendais l'escalier à la maison, mais je ne suis pas tombée. Je suis descendue très lentement et j'ai trouvé une lampe de poche. Et vous, M. Cartier, que faisiez-vous?

M. Cartier: Je me rasais dans la salle de bain. J'avais donné rendez-vous à un ami, mais j'ai décidé de rester chez moi. Je suis sorti plus tard.

I Posez les trois questions and répondez pour les quatre étudiants à tour de rôle (*in turn*).

B Lisez et apprenez:
Qu'est-ce que vous faisiez chaque jour pendant les vacances d'été?

(*a*) Quand il pleuvait | nous restions à la maison.
nous écoutions la radio ou
nous regardions la télé ou
nous passions des disques.

Si nous sortions nous portions un imper(méable).

(*b*) Quand il faisait beau | nous sortions toujours.
nous allions à la piscine ou à la plage.
nous faisions une promenade ou un pique-nique.

(*c*) Quand il faisait froid | nous portions des vêtements chauds, ou
nous allumions un feu.

(*d*) Quand il faisait chaud | nous prenions des bains de soleil.

(*e*) Quand il faisait noir nous allumions la lampe.

II Que faisaient-ils (*a*) quand il pleuvait? Ils ...

(*b*) quand il faisait beau?

(*c*) quand il faisait froid?

(*d*) quand il faisait chaud?

(*e*) quand il faisait noir?

C Le même soir Carlo a téléphoné à son amie Nicole.

Carlo: Il n'y a plus de panne ce soir. On va au cinéma?

Nicole: Oui, volontiers. Où ça?

Carlo: A l'Impérial. On dit que ce film est formidable. 'L'Amour et la Vie'. La séance commence à cinq heures et quart, avec les actualités, et le grand film commence un quart d'heure plus tard. Rendez-vous à cinq heures devant le cinéma?

Nicole: Oui, mais viens à l'heure cette fois. Tu es toujours en retard.

Carlo: Mais non, je ne suis jamais en retard.

Il est arrivé avant cinq heures devant le cinéma. Nicole n'était pas encore là. Carlo voulait fumer mais il n'avait plus de tabac pour sa pipe. Il a regardé sa montre. 'Bon, j'ai juste le temps.' Il a donc traversé la rue et est entré dans le bureau de tabac en face. Il est sorti deux minutes plus tard avec son tabac.

Nicole était là. Elle a dit: 'Tu vois, tu es en retard comme d'habitude.'

Carlo: Mais non, Nicole. Je suis arrivé à cinq heures moins cinq. Alors j'ai trouvé que je n'avais plus de tabac pour ma pipe et je suis entré dans le bureau de tabac en face il y a deux minutes seulement.

Nicole: Bon, je te pardonne cette fois. Entrons. Je ne veux pas manquer les actualités.

Carlo est allé au guichet.

Carlo: Deux places, mademoiselle, s'il vous plaît.

Caissière: Au balcon ou à l'orchestre?

Carlo: A l'orchestre. C'est moins cher, n'est-ce pas?

Caissière: Oui, monsieur.

Ils sont entrés dans la salle.

L'ouvreuse: Voulez-vous être loin ou près de l'écran?

Carlo: Au milieu, mademoiselle.

L'ouvreuse: Ça vous va ici?
Carlo: Oui, mademoiselle. Tenez (il lui donne un pourboire).
L'ouvreuse: Merci, monsieur. Mais ne fumez plus. Il est interdit de fumer.
Nicole: Nous sommes juste à temps pour les actualités.
Carlo: Achetons des bonbons.
Nicole: Mais non, pas encore. Il faut attendre l'entr'acte.

III 1 A qui Carlo a-t-il téléphoné?
  2 Qu'est-ce qu'il voulait faire?
  3 A quelle heure est-ce que la séance commençait?
  4 Où voulait-il donner rendez-vous à Nicole?
  5 A quelle heure est-il arrivé au cinéma?
  6 Est-ce qu'il a vu Nicole tout de suite? Pourquoi pas?
  7 Pourquoi ne pouvait-il pas fumer?
  8 Pourquoi a-t-il traversé la rue?
  9 Pourquoi Nicole voulait-elle entrer tout de suite dans le cinéma? Parce qu'elle...
  10 Est-ce que c'est moins cher ou plus cher au balcon qu'à l'orchestre?
  11 Où Carlo a-t-il choisi les places?
  12 Qu'est-ce qu'il a donné à l'ouvreuse?
  13 Qu'est-ce qu'il est interdit de faire dans un cinéma français?

Vocabulaire

le lendemain, *the next day*
Que faisiez-vous? *or* Qu'est-ce que vous faisiez? *What did you use to do?*
il m'a offert, *he offered me*
conduire, *to drive*
se raser, *to shave*
décider, *to decide*
une plage, *beach*
donner rendez-vous à, *to arrange to meet*
un pique-nique, *picnic*
un vêtement, *garment*
un feu, *fire*
un bain de soleil, *sunbath*
On va au cinéma? *Shall we go to the cinema?*

l'amour, *love*
une séance, *programme, performance*
les actualités, *news*
à l'heure, *on time*
le tabac, *tobacco*
manquer, *to miss*
le balcon, *circle (in theatre, etc.)*
l'orchestre, *stalls*
une ouvreuse, *usherette*
un écran, *screen*
il est interdit de fumer, *no smoking*
ça vous va ici? *is it all right here?*
juste à temps, *just in time*
l'entr'acte, *interval*

Notes

The Imperfect Tense

(a) The first singular, first and second plural are introduced in this Unit.

(b) The second use of the Imperfect describes what **used** to happen at some time in the past. (See Ex. II and Section B).

Reference Vocabulary

premier balcon, *dress circle*

deuxième balcon, *upper circle*

un fauteuil d'orchestre, *a seat in the stalls*

des places de face, *seats in the middle*

des places de côté, *seats at the side*

Unit 50 (cinquante)

Hier John et Ingrid ont fait un tour de Paris.
1 A neuf heures moins le quart ils étaient dans le métro. Ils lisaient un journal.
2 A neuf heures précises ils étaient à la Concorde. Ils montaient l'escalier roulant.
3 A neuf heures et demie ils étaient dans les Tuileries. Ils regardaient les enfants qui jouaient avec leurs bateaux.
4 A dix heures ils étaient assis à la terrasse d'un café dans la rue de Rivoli. John buvait un coca-cola et Ingrid mangeait une glace.
5 A dix heures et demie ils étaient dans un autobus. Ils regardaient les bâtiments. Ils allaient au Sacré-Cœur à Montmartre.
6 A onze heures ils étaient devant le Sacré-Cœur. Ils regardaient la vue de tout Paris.
7 A onze heures et demie ils faisaient une promenade à Montmartre. Ils étaient dans la place du Tertre, où les artistes travaillent.
8 A midi ils étaient assis dans un restaurant. Ils prenaient un apéritif, et John commandait un bon repas pour les deux.
9 A trois heures de l'après-midi ils étaient dans les Galeries Lafayette. Ingrid achetait une belle robe et John achetait deux chemises.
10 A quatre heures ils étaient encore une fois dans le métro. Ils étaient fatigués et ils retournaient à la maison.

I Où étaient-ils à 8h. 45, etc. ? (1–10)

II Que faisaient-ils à 8h. 45, etc. ? (1–10)

III Vous êtes John et Ingrid.
1 Où étiez-vous à 8h. 45 ? Que faisiez-vous ?
Nous étions dans le métro. Nous lisions des journaux.
Continuez 2–10 : Nous . . .

Lecture

Carlo aimait beaucoup faire de la musique avec ses amis français. Il jouait de la guitare. Son ami François jouait du tambour. Son ami Jules jouait du piano. Son ami Charles jouait du violon, et son amie Pauline chantait. Ils formaient un groupe qui s'appelait 'Les Têtes Rondes'—personne ne sait pourquoi.

Ils aimaient beaucoup écouter un disque enregistré par un

Allez dire au voisin de baisser sa radio.

groupe professionnel, et ensuite ils essayaient de l'imiter. Ils n'étaient pas encore très experts et ils faisaient souvent beaucoup trop de bruit. La concierge de l'immeuble protestait souvent, mais pendant qu'ils jouaient ils oubliaient presque toujours de jouer plus doucement.

Enfin, exaspérée, elle a fait venir un agent qui leur a dit: 'Ecoutez, messieurs. Plusieurs de vos voisins ont protesté en vain contre le bruit excessif que vous faites. Il faut cesser de jouer ensemble dans ce bâtiment. Si vous voulez continuer il faut louer un studio insonorisé.'

Ils ont promis de ne plus jouer chez Carlo, mais ils n'ont pas trouvé un studio assez bon marché. Carlo a été très déçu. Il disait qu'en Italie il y avait plus de liberté qu'en France.

IV 1 De quel instrument Carlo jouait-il?
   Il jouait de la . . .
   2 Et son ami François, est-ce qu'il jouait aussi de la guitare?
   Non, il . . .
   3 Qui jouait du piano?
   4 De quel instrument Charles jouait-il?
   5 Que faisait Pauline dans le groupe?
   6 Combien de personnes y avait-il dans le groupe?
   7 Qu'est-ce qu'ils essayaient d'imiter?
   8 Pourquoi est-ce que la concierge protestait souvent?
   Parce que . . .
   9 Qu'est-ce qu'ils oubliaient presque toujours de faire?

10 Pourquoi la concierge a-t-elle fait venir un agent?
11 Qu'est-ce que l'agent leur a dit de faire?
    Il leur a dit de lou ...
12 Qu'est-ce qu'ils ont promis de faire?
13 Quelle a été la réaction de Carlo?
14 Jouez-vous d'un instrument? Si oui, de quel instrument jouez-vous?

V Lisez et apprenez:

(a) Il y a trop de bruit; j'ai fait venir un agent.

Son mari est malade; elle a fait venir un médecin.

Il y a une inondation chez nous; nous avons fait venir un plombier.

Leur voiture est en panne; ils ont fait venir le garagiste.

Il y a un incendie dans le bâtiment; j'ai fait venir les pompiers.

Nous avons une panne d'électricité chez nous; nous avons fait venir un électricien.

(b)
Il leur a dit	de	jouer plus doucement.
Ils ont promis		cesser de jouer.
Ils ont essayé		louer un studio insonorisé.
Ils ont oublié		faire venir un médecin.
Il faut		

Vocabulaire

ils lisaient, *they were reading*
Les Tuileries, *Tuileries Gardens by the Louvre*
précises, *precisely*
un tambour, *drum*
un violon, *violin*
rond(e), *round*
personne ... ne, *nobody*
enregistré, *recorded*
un bruit, *noise*
presque, *almost*
contre, *against*
doucement, *softly*

faire venir, *to send for*
plusieurs, *several*
un(e) voisin(e), *neighbour*
cesser, *to stop*
louer, *to hire, rent*
insonorisé, *soundproofed*
ils ont promis, *they promised* (promettre)
déçu, *disappointed*
une inondation, *flood*
un plombier, *plumber*
un incendie, *fire*
baisser (la radio), *to turn down (the radio)*

Notes

(a) Uses of the Imperfect tense:
   (1) What was happening at a definite time. (Ex. I–III)
   (2) What people used to do. *(Lecture)*

(b) To play at a game = *jouer à*, e.g., *jouer au tennis, jouer à la balle, jouer aux cartes.*

   To play on an instrument = *jouer de*, e.g., *jouer du violon, jouer de la guitare.*

Unit 51 (cinquante et un)

Les étudiants vont à l'école dans la rue Racine six fois par semaine, tous les jours sauf le dimanche. Ils ont congé mercredi après-midi, mais ils ont des classes samedi matin. Ils sont libres samedi après-midi.

C'était samedi après-midi. Il faisait beau; le soleil brillait dans un ciel bleu; il faisait chaud. John voulait sortir. Il a téléphoné à Ingrid. Il a décroché le récepteur, a composé le numéro—826 . . . 37 . . . 75 et a écouté.

Il a entendu: Allô, allô. Ici 826 . . . 37 . . . 75.

John:	Qui est à l'appareil, s'il vous plaît?
La voix:	C'est Mme Pavel, la concierge.
John:	Ah, bonjour, madame. Ici John Robinson. Je voudrais parler à Ingrid? Est-ce qu'elle est à la maison?
Mme Pavel:	Oui, monsieur. Elle est dans sa chambre. Ne quittez pas. (Elle a appelé Ingrid qui est arrivée tout de suite.)
Ingrid:	Bonjour, John. Comment ça va?
John:	Très bien, merci. Qu'est-ce que vous faites en ce moment?
Ingrid:	Je lis un livre de Colette.
John:	Mais il fait très beau, le ciel est bleu, le soleil brille. Est-ce que vous voudriez sortir?
Ingrid:	Oui, bien sûr. Où allons-nous?
John:	Au Bois de Boulogne, si ça vous plaît.
Ingrid:	Mais oui. Vous avez votre voiture?
John:	Oui, je passe chez vous dans un quart d'heure. D'accord?
Ingrid:	D'accord. Merci beaucoup. Je vous attends.

I   1 Combien de fois par semaine les étudiants vont-ils à l'Ecole Unique?
     2 Quand ont-ils congé?
     3 Est-ce qu'ils sont libres samedi matin ou samedi après-midi?
     4 Qu'est-ce que John voulait faire samedi après-midi?
     5 Quel temps faisait-il?
     6 De quelle couleur était le ciel?
     7 Où John voulait-il aller?
     8 A qui est-ce qu'il a téléphoné?
     9 Est-ce qu'Ingrid a accepté ou a refusé l'invitation?
   10 Est-ce qu'ils sont allés au Bois de Boulogne en autobus?

II Apprenez:

(a) Je passe chez vous dans | un quart d'heure.
| une demi-heure.
| trois quarts d'heure.
| une heure.

(b) Est-ce que vous | voulez | sortir?
| voudriez | faire une promenade?
————————————— | aller au cinéma?
Est-ce qu'il voulait | aller au théâtre?
| aller au concert?

III Lisez et apprenez ces questions et ces réponses:

1 Est-ce que Jean est déjà arrivé?
  –Non, il n'est pas encore arrivé.
2 Est-ce que le train est déjà parti?
  –Non, il n'est pas encore arrivé à la gare.
3 Est-ce qu'elle a déjà pris son petit déjeuner?
  –Non, elle ne l'a pas encore pris.
4 Est-ce que vous avez déjà lu le journal?
  –Non, je ne l'ai pas encore fini.
5 Vous avez déjà acheté vos billets?
  –Non, nous ne les avons pas encore achetés.

*IV Modèle: J'ai reçu un livre comme cadeau, mais je **ne l'ai pas encore** lu.

Complétez:

1 Elle a reçu une robe comme cadeau, mais elle . . . mise.
2 Nous avons acheté des raisins, mais nous . . . mangés.
3 Montrez-moi votre dessin. Mais je . . . fini!
4 Que pensez-vous du film à l'Odéon? Je regrette, je . . . vu!
5 Montrez-moi la lettre que vous avez écrite. Mais je . . . écrite.
6 Montrez-moi les robes que vous avez achetées. Mais nous . . . achetées.
7 J'ai acheté une nouvelle voiture, mais je . . . essayée.

V Combien de temps faut-il pour aller au Bois de Boulogne?
  –Il faut une demi-heure.
  Now ask the question and give the answer: e.g.,
  la Tour Eiffel; un quart d'heure.
  Combien de temps faut-il pour aller à la Tour Eiffel?
  –Il faut un quart d'heure.
1 la gare; cinq minutes.

2 le théâtre; dix minutes.
3 le Louvre; trois quarts d'heure.
4 l'Arc de Triomphe; vingt minutes.
5 le commissariat de police; une demi-heure.
6 l'Opéra; vingt-cinq minutes.

Vocabulaire

un récepteur, *receiver*
ne quittez pas, *hold the line*
chez vous, *at your flat (house)*
un raisin (m.), *grape*
un dessin, *drawing*
Que pensez-vous? *What do you think?*

Combien de temps faut-il pour ... ?
   How long does it take to ... ?
on appuie sur le bouton, *one presses the button*
le standardiste, *telephone operator*
un abonné, *subscriber*

Notes

(a) *Ne quittez pas*   Negative commands ... Don't leave, smoke etc.
   Ne fumez pas
   Ne parlez pas
   Ne tombez pas
(b) Note again three ways of asking questions:
   1 *Vous avez votre voiture?*
   2 *Avez-vous votre voiture?*
   3 *Est-ce que vous avez votre voiture?*
(c) Imperfect tense: descriptive use.
   Il faisait beau (it was fine); *le soleil brillait* (the sun was shining); *John voulait sortir* (John wanted to go out).
(d) The telephone:
   In France there are fewer telephone boxes than in England. One can telephone from a café or from the Post Office. In a café one must buy a *jeton* (counter) at the cash desk and use it in the box. At the P.O. an employee obtains the number for you and indicates the box.
   In the box:
   For local calls inside the *département*, dial the local number of the person required. For calls outside the *département*, dial 16, wait for the ringing note, dial the number of the required *département*, and then the number of the subscriber.

Useful phrases:

Un jeton de téléphone, s'il vous plaît. Je n'entends pas très bien, *I don't hear very well.* On met le jeton dans la fente (*slot*), on décroche, on compose le numéro. Quand on parle, on appuie sur le bouton. On parle et enfin on raccroche.

Unit 52 (cinquante-deux)

Ingrid raconte une histoire

Hier soir un cambrioleur est entré chez moi. Je regardais la télévision—c'était un bon programme—une pièce de théâtre, et j'écoutais avec attention. Tout à coup j'ai entendu un bruit dans ma chambre. J'ai téléphoné à Police-Secours, mais le téléphone ne marchait pas. Alors un homme masqué est entré dans la salle de séjour. Il portait une grosse torche et m'a menacée.

'Donnez-moi vos bijoux et votre argent' a-t-il dit, mais j'ai refusé. Je sais faire du judo, je suis experte. Je l'ai saisi par le bras et je l'ai jeté par-dessus ma tête. Il a frappé la tête contre la table et est resté immobile. A chaque étage de notre immeuble il y a un signal d'alarme. J'ai tiré le signal et deux hommes sont arrivés. L'un d'eux a téléphoné dans son appartement à la police, l'autre est resté chez moi. 'Qui a fait ça?' a-t-il demandé. 'C'est moi, je sais faire du judo.' 'Formidable' a-t-il dit. 'Quelle femme!' 'Faites attention' a dit M. Cartier à la classe, 'il ne faut jamais discuter avec Ingrid.'

I 1 Qu'est-ce qui est arrivé hier soir chez Ingrid?
    2 Qu'est-ce qu'elle a entendu pendant qu'elle regardait la télévision?
    3 Qui est entré dans la salle de séjour?
    4 Qu'est-ce qu'il portait à la main?
    5 Est-ce qu'Ingrid lui a donné ses bijoux et son argent? Non, elle . . .
    6 Qu'est-ce qu'elle a fait d'abord au cambrioleur?
    7 Et ensuite?
    8 Pourquoi est-il resté immobile?
    9 Qu'est-ce qui est arrivé quand elle a tiré le signal d'alarme?
   10 Pourquoi ne faut-il jamais discuter avec Ingrid?

II Fluency practice

(a) Je sais | faire | du judo.
Je ne sais pas | | du ski.
| | du ski nautique.
| danser.
| jouer au bridge.

(b) Il ne faut jamais | discuter avec Ingrid.
| rouler à gauche en France.
| traverser la rue sans regarder à gauche et à droite.
| marcher sur l'herbe.

(c) J'ai saisi le cambrioleur et je l'ai jeté pardessus ma tête.
J'ai saisi la chaise et je l'ai jetée au cambrioleur.
J'ai saisi les deux hommes et je les ai jetés par la fenêtre.
J'ai saisi deux assiettes et je les ai jetées au cambrioleur.
Il m'a menacée, dit Ingrid.

(d) notre immeuble; nos chambres
votre argent; vos bijoux

III Lisez:

1 Ingrid a écouté un disque pendant qu'elle préparait son petit déjeuner.

2 Elle a parlé avec son amie pendant qu'elle attendait l'autobus.

3 Elle est tombée pendant qu'elle montait dans l'autobus.

4 Elle a laissé tomber son sac pendant qu'elle donnait des tickets au conducteur.

5 Elle a frappé la tête contre la fenêtre pendant qu'elle ramassait son sac.

(Mais enfin elle est arrivée à l'Ecole sans autre incident.)

Posez la question:
Quand Ingrid a-t-elle écouté un disque?
–Pendant qu'elle préparait le petit déjeuner.

Posez les autres questions: e.g., Quand a-t-elle parlé avec son amie?
et donnez les réponses: Pendant qu(e) ...

La télévision

Carlo est chez son amie Nicole.

Carlo: Est-ce qu'on va sortir?

Nicole: Non, je ne crois pas. Je ne veux pas sortir. Il fait mauvais dehors. Il fait froid et il fait du vent.

Carlo: Alors il y a toujours la télévision. Quel est le programme de ce soir? Est-ce qu'il y a un film?

Nicole: Oui, il y a un film policier sur la première chaîne, T.F.1, à 20h. 35: 'Comment voler un million.'

Carlo: Bon, et avant ça ? Est-ce qu'il y a un match de football ? Après les films, ce sont les matchs que j'aime le plus.

Nicole: Oui, il y a un match entre Marseille et Lyon, sur la deuxième chaîne, A.2, à 18h. 45, jusqu'à 19h. 20, quand il y a les actualités régionales sur les trois chaînes.

Carlo: Je n'aime pas du tout les actualités régionales. Et après ?

Nicole: Il y a le feuilleton, 'La Famille Dubreton', qui ne dure qu'un quart d'heure.

Carlo: Ça, c'est plus intéressant, mais trop court.

Nicole D'accord, mais après, il y a à 20 heures, le Journal sur la première et la deuxième chaîne, c'est-à-dire, les actualités nationales et internationales, jusqu'à 20h. 35, quand il y a ton film.

Carlo: C'est bien. Allume le poste tout de suite.

Note

T.F.1. = Télévision Française 1; *A.2. = Antenne 2*. There is a third channel, *F.R.3 (France Régions 3)*.

Vocabulaire

un cambrioleur, *burglar*	l'un d'eux, *one of them*
marcher, *to work, function (in this context)*	savoir, *to know (how to)*
Police-Secours, *emergency call*	Je sais faire du ski, *I know how to ski*
masqué, *masked*	discuter, *to argue*
menacer, *to threaten*	dehors, *outside*
un bijou, *jewel*	il fait du vent, *it is windy*
saisir, *to seize*	il fait mauvais, *the weather is bad*
par-dessus, *over*	une chaîne, *television channel*
immobile, *motionless*	un feuilleton, *serial*
tirer, *to pull*	allume(z) le poste, *switch on the set*
	les actualités, *news*

Unit 53 (cinquante-trois)

Un jour M. Cartier a dit:
Hans, levez-vous. Qu'a-t-il fait? Il s'est levé. *(He has got up.)*
Ingrid, levez-vous. Qu'a-t-elle fait? Elle s'est levée.
Hans, asseyez-vous. Qu'a-t-il fait? Il s'est assis.
Ingrid, asseyez-vous. Qu'a-t-elle fait? Elle s'est assise.

Maintenant nous allons répéter tout cela.
Qu'avez-vous fait, Hans? Je me suis levé et puis je me suis assis.
Et vous, Ingrid? Moi aussi, je me suis levée et puis je me suis assise.

Et maintenant je vais vous raconter une histoire. J'ai lu cette histoire
dans le journal.

Un monsieur et sa femme voulaient célébrer vingt-cinq ans de
mariage—leur noces d'argent. Ils ont décidé de dîner au restaurant
et ensuite de passer la soirée à l'Opéra. Le mari a réservé deux places
à l'Opéra. Pendant qu'ils regardaient la carte au restaurant une belle
dame élégante est arrivée et a dit: 'Vous permettez, monsieur? Il n'y
a pas de place.' Sans attendre la réponse elle s'est assise à leur table.
Elle a mangé très peu, a payé l'addition, s'est levée, s'est excusée et
est partie.

   Après le repas la femme a dit à son mari: 'C'était un repas excellent
mais nous n'étions pas seuls. Dommage!'

   'Mais elle était très belle et très élégante, n'est-ce pas?' a dit son
mari.

   'Bien sûr, et tu l'as regardée furtivement pendant tout le repas.
N'importe. Allons à l'Opéra.' Elle
a ramassé son sac et a poussé un
cri. 'Ce sac n'est pas à moi! Cette
femme a volé mon sac, où il y a les
billets pour l'Opéra et beaucoup
d'argent.'

   Elle a ouvert l'autre sac, mais
il n'y avait rien dedans.

I   1 Pourquoi le monsieur et sa femme ont-ils décidé de dîner au restaurant?

Parce-que...

2 Qu'est-ce qu'ils ont décidé de faire après le dîner?

3 Qu'est-ce que le monsieur a fait avant le dîner?

4 Que faisaient-ils quand la dame est arrivée?

5 Comment était cette dame?

6 Est-ce qu'elle a attendu une réponse avant de s'asseoir à leur table?

7 Est-ce qu'elle a beaucoup mangé?

8 Qu'est-ce qu'il y avait dans l'autre sac?

II Fluency practice

(a)

J'ai décidé	de	dîner au restaurant.
J'ai promis		passer la soirée à l'Opéra.
J'ai oublié		voir une très belle pièce de théâtre.
Ils ont décidé		réserver des places.
		payer l'addition.

(b)

Il n'y a pas	de	place.
Il n'y avait pas		sucre.
		sel.
		poivre.
	d'	eau.

(c)

Ce sac		à moi.
Cet appartement	n'est pas	à toi.
Cette serviette		à lui.
Ce parapluie		à elle.
Ces gants ne sont pas		à nous.
		à vous.
		à eux.
		à elles.

(d)

J'ai	mangé	très peu.
Il a	bu	beaucoup trop.
	payé	
	vu	
	écrit	
	fait	

(e)

Sans attendre	la réponse, elle s'est assise à la table.
	l'autobus, il a couru à la gare.
	un taxi, il est rentré à pied.
	son amie, il est entré dans le restaurant.

(f) Il n'y avait rien dedans.

Il n'y avait rien dans ce sac, ce porte-monnaie, cette valise, cette serviette.

*III Revision

Substitute the numbered items in the columns below, making appropriate changes in 2 and 3.

Qu'est-ce que vous avez fait hier soir? (1)

–J'ai (2) joué au tennis.

Et votre femme?

–Elle est (3) restée à la maison.

1	2	3
hier après-midi	écouter la radio	aller au bal
lundi soir	aller au cinéma	tricoter un pull(over)
lundi après-midi	écrire des lettres	jouer au golf
mardi matin	faire le ménage	aller au bord de la mer
mercredi soir	taper à la machine	regarder la télévision

Vocabulaire

levez-vous, *get up* (se lever)
il s'est levé, *he has got up*
il s'est assis, *he has sat down* (s'asseoir)
célébrer, *to celebrate*
les noces d'argent, *silver wedding*
sans, *without*
très peu, *very little*
s'excuser, *to apologize*
furtivement, *furtively*
n'importe, *no matter*

ramasser, *to pick up*
pousser, *to utter* (*a cry*)
ne . . . rien, *nothing*
dedans, *inside*
avant de, *before (time)*
le sel, *salt*
le poivre, *pepper*
beaucoup trop, *much too much*
il a couru, *he ran* (courir)
taper à la machine, *to type*

Notes

(*a*) Reflexive verbs:
1 *Levez-vous, asseyez-vous.* Commands: 'get up', 'sit down'.
2 *Il s'est levé, il s'est assis.* Perfect tense. (See page 197.)
3 *Elle s'est levée, elle s'est assise.* The past participle of reflexive verbs agrees in number and gender with the preceding direct object (as with *avoir*). Here the direct object *se* may be masculine or feminine.

(*b*) *Sans* (without), is followed by the infinitive. (See Ex. II(*e*))

(*c*) 'Emphatic' pronouns: *moi, toi, lui, elle, nous, vous, eux, elles.* These are used:
1 after prepositions, e.g., *devant moi, derrière lui, à elle* and prepositional phrases such as *en face de lui, près d'eux;*
2 after *c'est*, e.g., *c'est moi, c'est nous;*
3 for emphasis, e.g., *moi, je prends du vin;*
4 in commands, e.g., *attendez-moi* (but here only used with *moi, toi, nous* and *vous*).

N.B. Ex. II(*c*): *Ce sac est à moi* (this bag is mine).
Ce livre n'est pas à lui (this book isn't his).
Ces livres ne sont pas à eux (these books aren't theirs).

Unit 54 (cinquante-quatre)

Un matin M. Cartier s'est levé à
sept heures comme d'habitude. Il
a mis sa robe de chambre et est
entré dans la salle de bain où il
s'est rasé. Malheureusement il s'est
coupé et a poussé un cri: Aïe! aïe!
Il s'est regardé dans la glace et a
vu le sang rouge. Il s'est vite lavé,
s'est essuyé et a mis un pansement
adhésif. Ensuite il s'est habillé

dans la chambre. Il est descendu à la salle à manger, et s'est assis à la
table. Il a pris son petit déjeuner et est parti pour l'école en voiture.

Il est arrivé un peu en retard à l'école. Il portait encore le pansement adhésif.

'Qu'est-ce qui est arrivé, monsieur?' a demandé Nina.

'Oh, ce n'est rien. Je me suis coupé pendant que je me rasais.

Maintenant je vais écrire au tableau noir ce que j'ai fait,' et il a
écrit:

Ce matin	je me suis levé à sept heures.
	je me suis rasé.
	je me suis coupé.
	je me suis regardé dans la glace.
	je me suis lavé.
	je me suis essuyé.
	je me suis habillé.

I Apprenez ce que M. Cartier a écrit au tableau.

II Racontez ce que vous avez fait ce matin:
Je me suis levé(e) à . . . etc.

III Quand je suis en vacances au bord de la mer, je me lève assez tôt
tous les matins, et je vais à la plage. Je me déshabille sous une
tente, je mets mon slip et je me baigne dans la mer. Ensuite je sors
de l'eau, je m'étends sur le sable et je me repose. Quelquefois je
m'endors. Quand je me réveille je me lève, je me lave sous la
douche et je m'habille. Je rentre à la maison très content de la vie.
Ce matin donc, voilà ce que j'ai fait:

Je me suis levé assez tôt comme d'habitude, et je suis allé à la plage.

Continuez: Je me suis . . . sous ma tente, j'ai . . . mon slip et . . . etc.

IV Lisez, apprenez et complétez:

Vous avez des amis anglais?

–Non, je ne connais personne en Angleterre.

(espagnol?)

Vous avez des amis espagnols?

–Non, je ne connais personne en Espagne.

Continuez:

(1) allemand? (2) italien? (3) français? (4) suédois?

V Avez-vous jamais été en Angleterre?

Répondez: J'habite en Angleterre, *ou*

               Non, jamais, *ou*

               Oui, quelquefois, *ou*

               Oui, souvent.

Continuez:

(1) en France? (2) en Allemagne? (3) en Italie? (4) en Suède?

VI Apprenez

Où êtes-vous allé ce soir?

–Je suis allé au club.

Avez-vous rencontré quelqu'un que vous connaissez?

–Non, personne.

Avez-vous mangé quelque chose?

–Non, rien.

Avez-vous bu quelque chose?

–Non, rien, et je ne réponds plus à vos questions.

Conversation: Carlo parle avec Hans.

–J'ai une nouvelle amie.

–Comment s'appelle-t-elle?

–Elle s'appelle Nicole.

–Comment est-elle?

–Elle est très jolie. Je n'ai jamais vu une si belle femme.

–De quelle couleur sont ses yeux?

–Ils sont bleus.

–Et ses cheveux, de quelle couleur sont-ils?

–Ils sont blonds.

–Elle est grande?

–Non, elle est assez petite.
–Quel âge a-t-elle?
–Elle a vingt et un ans.
–Quel est son métier?
–Elle est sténodactylo.
–Est-ce qu'elle sait faire la cuisine?
–Je ne sais pas.
–Mais il faut savoir ça.
–Pourquoi? Je ne vais pas l'épouser. Nous sommes seulement des bons amis.
–Peut-être, mais on ne sait jamais.

VII *Make up a similar conversation between Ingrid and Conchita about Ingrid's 'nouvel ami, Henri', using all the questions, changing details and genders, e.g., beau, bel homme, gris, noir, 22 ans, chanteur, faire le ménage, etc.*

Vocabulaire

comme d'habitude, *as usual*
une robe de chambre, *dressing gown*
se couper, *to cut oneself*
une glace, *mirror*
se regarder, *to look at oneself*
le sang, *blood*
se laver, *to wash oneself*
s'essuyer, *to dry oneself*
un pansement adhésif, *sticking plaster*
s'habiller, *to dress*
Qu'est-ce qui est arrivé? *What has happened*
un tableau noir, *blackboard*

assez tôt, *fairly soon*
la plage, *beach*
se déshabiller, *to undress*
un slip, *bathing trunks*
se baigner, *to bathe*
s'étendre, *to stretch oneself out*
se reposer, *to rest*
s'endormir, *to go to sleep*
jamais, *never*
quelquefois, *sometimes*
faire la cuisine, *to cook*
épouser, *to marry*

Notes

(a) Reflexive verb: *Je me suis levé*, if speaker masculine.
   Je me suis levée, if speaker feminine.
(b) Perfect of *je m'endors* (I go to sleep) is *je me suis endormi* (infinitive *s'endormir*, to go to sleep).
   Perfect of *s'étendre* = *je me suis étendu*.
(c) Ex. IV. *Je ne connais personne* (I know no one).
      Personne ne me connaît (No one knows me).
      Personne and *rien* alone = 'nobody' and 'nothing'. Ex. VI.

(d) *Un bel ami, un bel homme; un nouvel ami, un nouvel hôtel.* Before a vowel or *h* the adjectives *beau* and *nouveau* change to *bel* and *nouvel*, e.g.:
un beau chapeau, un bel enfant; un nouveau chapeau, un nouvel enfant (the feminine is always *belle* and *nouvelle*).
(Before a vowel or *h* the adjective *vieux* becomes *vieil*, e.g.: *un vieux chapeau, un vieil ami, un vieil hôtel.*)

(e) *Elle sait faire la cuisine* (she knows *how* to cook).
Ils savent faire du ski (they know *how* to ski).

Unit 55 (cinquante-cinq)

Lecture

Vendredi soir, à la fin de la classe, Conchita a invité M. et Mme Cartier et tous les étudiants à passer la soirée chez elle le lendemain. 'C'est mon anniversaire,' a-t-elle dit. 'Mon appartement est assez grand. Il y a de la place pour tout le monde.' Ils ont tous accepté avec plaisir.

Samedi soir John et Ingrid sont arrivés les premiers. Ingrid a dit: 'Salut Conchita. Voici un petit cadeau pour vous, de nous deux,' et elle lui a donné un petit flacon de parfum. 'Merci beaucoup,' a dit Conchita.

Cinq minutes plus tard Carlo et Nina sont arrivés et lui ont donné un porte-monnaie. Puis M. et Mme Cartier lui ont donné un beau foulard. Enfin Hans est arrivé: 'Voici une photo de vous que j'ai prise dimanche dernier.'

'Vous êtes tous très chics, et je suis très heureuse,' a dit Conchita. 'Quel bel anniversaire! Maintenant faites comme chez vous.'

Sur la table il y avait de la bière, du vin blanc, du vin rouge, de la citronnade, etc. Il y avait aussi des sandwichs, des gâteaux secs, et des morceaux de fromage.

'Qu'est-ce que vous voulez boire, Madame Cartier?' a demandé Conchita. 'Du vin blanc, s'il vous plaît,' a répondu Mme Cartier. 'Et vous, Monsieur Cartier?' 'Je voudrais de la bière, s'il vous plaît.' 'Vous autres, servez-vous, n'est-ce pas? Il faut tout boire et manger. Et nous allons danser. J'ai beaucoup de disques.'

'Je ne sais pas danser,' a dit Hans. 'Alors, il faut apprendre, et je vais vous donner une leçon' a dit Conchita.

Ils ont dansé pendant une heure et puis ils ont joué au bridge. 'Je ne sais pas jouer au bridge,' a dit Carlo. 'Ni moi non plus,' a dit Nina. 'Alors il faut apprendre,' a dit M. Cartier. 'Ma femme et moi, nous allons vous enseigner.'

Ils ont tous passé une très belle soirée et ils sont partis vers minuit, très heureux, après avoir remercié leur jeune hôtesse.

I   1 Qu'est-ce que Conchita a invité tous les autres étudiants à faire?

2 Pourquoi? Parce que c'était Noël?

3 Qu'est-ce qu'elle a dit de son appartement? 'Mon ...'

4 Est-ce que deux étudiants ont refusé l'invitation?

5 Qu'est-ce qu'Ingrid et John ont apporté pour Conchita?

6 Qu'est-ce que Nina et Carlo lui ont apporté?

7 Qu'est-ce que M. et Mme Cartier lui ont apporté?

8 Qu'est-ce qu'Hans a fait dimanche dernier?

9 Quelle a été la réaction de Conchita devant tous ces cadeaux? Elle a été...

10 Qu'est-ce que M. Cartier a bu?

11 Et sa femme, qu'est-ce qu'elle a bu?

12 Qu'est-ce que les invités ont fait après avoir bu quelque chose? Pendant combien de temps?

13 Qu'est-ce que Conchita a appris à Hans à faire?

14 Qu'est-ce qu'ils ont fait après avoir dansé?

15 Qu'est-ce que M. Cartier et sa femme ont appris à Nina et à Carlo à faire?

16 Qu'est-ce que les invités ont fait avant de partir? Ils ont rem...

II Apprenez:

(a) un petit cadeau   une petite bouteille
     un beau foulard   une belle photo
     un beau porte-monnaie   une belle soirée

(b) tout le monde   toute la classe
    tous les étudiants   toutes les étudiantes

(c) Je suis heureux.   Nous sommes heureux.
    Elle est heureuse.   Elles sont heureuses.

(d) un cadeau   des cadeaux
     un gâteau   des gâteaux
     un tableau   des tableaux
     un chapeau   des chapeaux
     un morceau   des morceaux
     un manteau   des manteaux

III Fluency practice

(a) Je (ne) sais (pas) | danser.
    Il (ne) sait (pas) | nager.
    Nous (ne) savons (pas) | parler français.
                              | jouer au bridge.
                              | faire du ski.

Question: Est-ce que vous savez danser, etc.?

(b)

Elle a invité	les autres	à	jouer au bridge.
Nous avons invité	toute la classe		danser.
	tous les étudiants		boire du vin.
	tout le monde		manger des sandwichs.
	toutes les étudiantes		passer la soirée chez elle.

(c)

Il faut	tout boire.
Je vais	tout manger.
Nous allons	apprendre à danser.
	apprendre à jouer au bridge.
	vous enseigner.

(d)

Il Elle	lui a donné	un flacon de parfum.
		un foulard.
Ils lui ont donné		un porte-monnaie.
		une photo.

Question: Qu'est-ce qu'il(elle) lui a donné?

(e)

Après avoir	donné des cadeaux à Conchita
	bu de la bière (du vin, de la citronnade)
	joué au bridge
	dansé
	remercié leur hôtesse

(f)

Voici	un gâteau que j'ai fait	hier.
	un foulard que j'ai acheté	il y a deux jours.
	une photo que j'ai prise	dimanche dernier.
	des gâteaux que j'ai faits	
	des photos que j'ai prises	

(g) Elle lui a appris à danser.
Ils leur ont appris à jouer au bridge.

Conversation

Un jeune homme et une jeune femme avaient l'intention de se marier. Mais un jour le jeune homme a demandé:
–Savez-vous faire le ménage?
–Et vous, savez-vous faire la cuisine?
–Savez-vous faire la lessive?
–Et vous, savez-vous faire la vaisselle?
Ils ne se sont pas mariés.

Vocabulaire

inviter, *to invite*
le plaisir, *pleasure*
Salut, *Greetings*
un flacon, *bottle, flask*
le parfum, *perfume*
un foulard, *scarf*
la citronnade, *lemonade*
un morceau, *piece*

Servez-vous, *serve yourselves*
ni moi non plus, *neither do I*
après avoir remercié, *after thanking*
   (remercier)
faire le ménage, *to do the housework*
avoir l'intention de, *to intend*
faire la lessive, *to do the washing*
faire la vaisselle, *to wash the dishes*

Notes

(a) After giving, *après avoir donné*;
   After eating, *après avoir mangé*.
   N.B. *Après* être *arrivé*, 'after arriving' (and similarly with other verbs which take *être* in the perfect tense). *Après* s'être *rasé*, 'after shaving' (reflexive verb).

(b) Ex. III(*f*). The preceding direct object of each verb is here a noun, repeated by *que*, and so the past participles agree with these nouns, as these examples show.

(c) Ex. II(*d*). Nouns ending in *–eau* add *x* in the plural.

(d) Ex. III(*b*) and (*g*). *Inviter* takes *à* before an infinitive.
   Similarly, *apprendre*, *aider*, *commencer* and *continuer* take *à* before the infinitive.

(e) *Se* sometimes has the meaning of 'each other', e.g., *se marier* (to get married).
   Ils se sont mariés (they married (each other));
   se rencontrer; ils se sont rencontrés (they met (each other)).

Unit 56 (cinquante-six)

Lecture

Un jour M. Cartier est entré dans la salle de classe et s'est assis. Il a regardé toute la classe et puis il a indiqué Hans.

'Regardez-le bien,' a-t-il dit, 'il a été pris par la police cette nuit à minuit. On m'a téléphoné à minuit et demi et je me suis réveillé. On m'a demandé: "Connaissez-vous un jeune Allemand nommé Hans Friedmann?" J'ai répondu: "Oui, bien sûr, je le connais. C'est un de mes étudiants." '

'Alors comment est cet étudiant, s'il vous plaît?'

'Il est grand, il a les cheveux blonds, les yeux bleus et une barbe.'

'Bon, ça suffit, monsieur le directeur. Merci bien. Je m'excuse de vous déranger si tard.'

'Je me suis recouché et je me suis rendormi tout de suite. Et maintenant, Hans, racontez-nous tout ça.'

Hans a souri. 'Hier j'ai passé la soirée chez des amis qui habitent dans la rue de la Roquette. J'ai quitté leur appartement à minuit moins le quart. Je me suis promené le long de la rue vers la place de la Bastille. Tout à coup une sorte de camionnette noire s'est arrêtée près de moi, et deux agents en sont descendus. L'un d'eux a dit: "Vos papiers, monsieur, s'il vous plaît." J'ai cherché ma carte d'identité dans toutes mes poches, mais je ne l'ai pas trouvée. "Pardon, monsieur l'agent" ai-je dit. "J'ai laissé ma carte d'identité chez moi." "Montez dans la voiture," a-t-il dit.

'Dans la voiture il y avait cinq types d'aspect sinistre. "Vous avez assassiné quelqu'un, mon petit?" a demandé un grand brun. Je n'ai rien dit, mais j'avais peur. Nous sommes arrivés assez vite à un commissariat, nous sommes descendus et sommes entrés dans le poste de police. Je suis entré le premier chez le commissaire et un agent a expliqué que je n'avais pas de carte d'identité. Alors le commissaire m'a interrogé:

"Vous n'avez pas de carte d'identité?"

"Si, monsieur, je l'ai laissée à la maison. Je m'excuse. J'ai changé de veste, et j'ai oublié de prendre ma carte."

"Votre nom ?" "Hans Friedmann."

"Nationalité ?" "Allemand."

"Domicile ?" "La Maison Française dans la Cité Universitaire."

"Occupation ?" "Etudiant."

"Durée de votre séjour ?" "Un ou deux ans, monsieur. Je ne sais pas encore."

"Où travaillez-vous ?" "A l'Ecole Unique de français pour les étrangers."

"Nom de votre directeur ?" "M. Alphonse Cartier."

"Son adresse ?" "128, avenue des Gobelins, Paris 13e."

"Son numéro de téléphone ?" "826,33,00."

'Le commissaire a décroché le récepteur, a composé le numéro, et a posé des questions à M. Cartier. Puis il m'a dit: "C'est bien. Vous pouvez partir, mais demain il faut montrer votre carte au commissariat de votre quartier et n'oubliez plus de la porter partout."

'J'ai promis de la porter toujours, et je suis parti en vitesse. Je m'excuse de vous avoir dérangé si tard, monsieur.'

'De rien,' a dit le directeur, 'mais il faut toujours porter la carte d'identité. Et maintenant je vais poser des questions sur cet incident.'

I   1 Hans, où a-t-il passé la soirée ?

    2 A quelle heure est-il parti ?

    3 Qu'est-ce qu'il a fait dans la rue de la Roquette ?

    4 Qu'est-ce qui est arrivé tout à coup ?

    5 Où Hans a-t-il cherché sa carte d'identité ?

    6 Pourquoi ne pouvait-il pas trouver sa carte ? Parce qu'il . . .

    7 Combien de personnes y avait-il dans la camionnette ?

    8 Qu'est-ce qu'Hans a dit quand le grand brun lui a posé une question ?

    9 Qu'est-ce qu'ils ont fait en arrivant au commissariat ?

    10 Qu'est-ce que le commissaire a fait au bout de l'interrogation ?

II   Jouez la scène de l'interrogation. Un membre de la classe joue le rôle du commissaire ; un autre joue le rôle de Hans, e.g.,

Le commissaire: Quel est votre nom ?

Hans: Hans Friedmann etc.

III Fluency practice

(a) Je suis entré
Nous sommes entrés
Nous sommes arrivés
Nous sommes descendus
Ils sont descendus

(b) Je n'ai rien | dit.
Nous n'avons rien | vu.
Ils n'ont rien | entendu.
| lu.
| écrit.

(c) Je me suis réveillé
Je me suis couché
Je me suis endormi
Je me suis assis
Je me suis promené
Je me suis arrêté.
Try the above in different persons, e.g.,
Nous nous sommes réveillés, etc.
Ils se sont promenés, etc.

(d) Ce commissaire, ce directeur, ce monsieur.
Cet incident, cet étudiant, cet agent, cet homme.
Cette nuit, cette rue, cette classe.
Ces types, ces agents, ces étudiants.

(e) Il | a les cheveux | longs.
Elle | | courts.
| | noirs.
| | blonds.
| | gris.
| | blancs.

Vocabulaire

Connaissez-vous? *Do you know?*
Comment est-il? *What is he like?*
une barbe, *beard*
Ça suffit, *that's enough*
déranger, *to disturb*
se (re)coucher, *to go to bed (again)*
se (r)endormir, *to fall asleep (again)*
l'aspect sinistre, *sinister appearance*

J'avais peur, *I was afraid*
si, *yes (in answer to a negative question)*
la durée, *length*
un séjour, *stay*
J'ai promis, *I promised* (promettre)
De rien, *Don't mention it*
tout à coup, *suddenly*
Il ne pouvait pas, *he wasn't able*

Note

ne . . . rien, when used with the perfect tense, occupies the same position as *ne . . . pas* (Ex. III(b)).

Unit 57 (cinquante-sept)

A J'ai mal à la gorge. Je dois me gargariser.
B J'ai mal au bras. Je dois porter le bras en écharpe.
C J'ai mal à la tête. Je dois prendre un comprimé.
D J'ai mal aux yeux. Je dois aller chez l'oculiste.
E J'ai mal aux dents. Je dois aller chez le dentiste.

I Qu'est-ce qu'il doit faire? Pourquoi?
   A Il doit se gargariser, parce qu'il a mal à la gorge.
   Regardez B, C, D, E. Posez la même question et donnez la réponse.

Lecture

L'autre jour j'ai eu mal aux dents et je suis allé chez le dentiste. Dans
la salle d'attente il y avait sept clients. Il y avait aussi un gros chien
noir assis sur un banc, à côté d'une grosse femme. Le dentiste est
entré dans la salle: 'Au suivant', a-t-il dit. La grosse femme s'est
levée, et le chien aussi. Le dentiste a dit: 'Laissez là votre chien,
madame, s'il vous plaît,' mais elle a répondu: 'Moi, je n'ai pas mal
aux dents, monsieur. C'est mon chien, et notre vétérinaire est malade.'

II 1 Quand est-ce qu'on va chez le dentiste?
    2 Combien de clients y avait-il dans la salle d'attente?
    3 Et combien d'animaux?
    4 Qu'est-ce que le chien a fait quand le dentiste a dit:
       'Au suivant?'
    5 Et la grosse femme, qu'est-ce qu'elle a fait?
    6 Est-ce que le chien avait mal à la tête ou mal aux dents?
    7 Pourquoi la grosse femme n'est-elle pas allée chez le vétérinaire?
    8 Quand est-ce qu'on va chez le médecin?

Conversation:

Deux femmes (Mme Clavel et Mme Fellmann) se sont rencontrées dans la rue.

Mme C.: Bonjour, Mme Fellmann. Comment allez-vous?

Mme F.: Je vais très mal. Hier j'ai eu mal à la tête et aujourd'hui j'ai mal à la gorge. Mon médecin m'a dit que j'ai la grippe, et que je dois rester au lit, mais je n'ai pas le temps. Je dois faire le ménage et les courses. J'ai quatre petits enfants.

Mme C.: Et votre mari, il ne vous aide pas?

Mme F.: Non, il ne fait rien. Il ne fait même pas la vaisselle. Les hommes sont paresseux. Et vous, comment allez-vous, ma chère amie?

Mme C.: Moi aussi, j'ai eu la grippe. J'ai eu mal à la tête, mal à la gorge, mal aux jambes, partout. Je n'ai rien mangé et je suis très faible. J'ai fait mes courses et je dois rentrer à la maison tout de suite.

Mme F.: Je voudrais rester moi-même prendre un café, mais je ne peux pas. Je dois aussi faire mes courses. Mais quel mauvais temps, n'est-ce pas?

Mme C.: Oui, madame. Il pleut toujours et il fait froid. Quelle vie! Au revoir, madame.

Mme F.: Au revoir, madame. A bientôt.

III Fluency practice

(a) Je dois | faire les courses.
Elle doit | aller chez le médecin.
Elles doivent | aller au supermarché.
 | faire la vaisselle.

(b) J'ai eu | la grippe.
Elle a eu | mal à la tête.
Elles ont eu | mal à la gorge.
 | mal aux dents.
 | mal aux jambes.
 | mal aux pieds.

(c) Il ne | fait | rien.
 | dit |
 | voit |
Il n'entend rien.
Elle n'écrit rien.

(d) Je n'ai rien | mangé.
Elle n'a rien | bu.
Nous n'avons rien | fait.
Ils n'ont rien | entendu.
 | écrit.
 | dit.

(e) Quel temps! Quelle vie!
Quel homme! Quelle femme!

Visite chez le médecin

Le médecin: Qu'est-ce qu'il y a, monsieur?

M. Chabert: J'ai pris froid, monsieur. Je tousse. J'ai de la fièvre.

Le médecin: Voulez-vous retirer votre veston et votre chemise? Je vais vous ausculter. Bon, ça va. Et maintenant, votre température. Ah, c'est 38,5. Il faut garder le lit pour deux ou trois jours. Je vous fais une ordonnance. Prenez un cachet avant chaque repas.

Note: Normal blood temperature = 36,9. *You pay for the consultation and his visit* (les frais de déplacement). *You fill up a social security form* (une feuille de sécurité sociale) *and claim back*.

Vocabulaire

Je dois, *I must, have to* (devoir)
ils doivent, *they must, have to*
la gorge, *throat*
se gargariser, *to gargle*
un bras, *arm*
une écharpe, *sling, scarf*
un oculiste, *oculist*
J'ai eu mal aux dents, *I've had toothache*
un dentiste, *dentist*

une salle d'attente, *waiting-room*
Comment allez-vous? *How are you?*
faible, *weak*
A bientôt, *See you soon*
moi-même, *myself*
J'ai pris froid, *I've caught cold*
tousser, *to cough*
J'ai de la fièvre, *I've got a fever*
retirer, *to take off*
ausculter, *to sound the patient's chest*

Note

Ex. III(c): *ne . . . rien* (nothing) occupies the same position as *ne . . . pas*, in the present tense.

PART IV

Unit 58 (cinquante-huit)

'Qu'est-ce que vous allez faire pendant les grandes vacances, Nina?'
a demandé un jour Mme Berger. 'Vous retournez à Rome?'

Nina: Non, madame, je voudrais rester en France perfectionner
mon français. Mais vous voulez partir en vacances, n'est-ce
pas?

Mme B.: Oui, nous avons loué une villa à Cannes, sur la Côte
d'Azur, pour un mois. Il y a de la place pour six personnes.
Est-ce que vous voudriez nous accompagner?

Nina: Oui, madame, j'accepte avec le plus grand plaisir. Je ne
suis jamais allée sur la Côte d'Azur. Je voudrais bien vous
aider à faire le ménage et les courses.

Mme B.: Alors c'est entendu. Nous partons le lundi seize juillet, en
voiture. Heureusement notre Citroën est assez grande.
Nous allons passer la première nuit à Lyon et mardi soir
nous espérons arriver à Cannes.

I 1 Est-ce que Nina veut retourner à Rome pour les vacances d'été?
2 Pourquoi veut-elle rester en France?
3 Qu'est-ce que les Berger ont décidé de faire?
4 Est-ce que Nina refuse l'invitation d'accompagner les Berger?
5 Qu'est-ce qu'elle veut aider Madame Berger à faire?
6 A quelle date vont-ils partir pour Cannes?
7 Où vont-ils passer la première nuit?
8 Quand est-ce qu'ils espèrent arriver à Cannes?

Ils ont fait un voyage facile et agréable sur les autoroutes, et le
soir du mardi le 17 juillet ils sont arrivés à la Villa Rose dans la Rue
des Orangers à Cannes. Une grosse femme les attendait à la porte:
c'était la bonne. Elle a dit: 'Ah, vous êtes enfin
arrivés. Vous êtes bien en retard. Je vous attends
depuis deux heures. Il est déjà six heures et j'étais
sur le point de partir. Voilà la clef, madame. Je
m'appelle Mme Albertine. Je reviens demain matin
à neuf heures. Au revoir!' Et elle est partie en vélomoteur.

Ah, vous êtes enfin arrivés!

'Quelle femme!' a dit Mme Berger. 'Nous n'avons pas de chance!'

Mais la villa était assez agréable. Dans la salle de séjour il y avait
une grande fenêtre qui donnait sur la mer. Il y avait quatre chambres
et une grande cuisine. Et tout était propre et en bon ordre.

Ils étaient tous fatigués, et après avoir pris un repas froid ils se sont couchés de bonne heure.

Le lendemain matin la bonne est revenue à neuf heures et elle a tout de suite parlé à Mme Berger.

'Ecoutez, madame, c'est une grande villa, et je ne peux pas faire tout moi-même. Je n'aime pas faire les fenêtres; je n'aime faire ni la vaisselle ni la lessive. Alors je vais faire la cuisine et je vais nettoyer la salle de séjour et la cuisine. Voilà ce que j'ai toujours fait pour mes touristes. Monsieur va faire les fenêtres, n'est-ce pas? Madame va faire la lessive et les demoiselles vont nettoyer les chambres et faire la vaisselle. D'accord?'

'Oui, d'accord,' a dit Mme Berger, qui n'avait ni le temps ni le courage de protester.

'Bon, ça va alors?' dit Mme Albertine. Et elle est partie dans la cuisine.

II   1 Où sont-ils enfin arrivés?
2 Est-ce qu'ils sont arrivés trop tôt pour la bonne?
3 Comment était la bonne?
4 Depuis combien de temps est-ce qu'elle attendait leur arrivée?
5 Qu'est-ce qu'elle a donné à Madame Berger?
6 Est-ce qu'elle est partie en voiture?
7 Est-ce que Mme Berger était contente ou mécontente?
8 Combien de chambres y avait-il dans la villa?
9 Est-ce que la villa était propre ou sale?
10 Est-ce qu'ils se sont couchés tôt ou tard?

III 1 Qu'est-ce que la bonne n'aime pas faire?
2 Qu'est-ce qu'elle va faire?
3 Qu'est-ce que M. Berger doit faire?
4 Qu'est-ce que Mme Berger doit faire?
5 Qu'est-ce que les demoiselles doivent faire?

IV Fluency practice

(a)

Je peux	faire	la cuisine.
Je ne peux pas		la lessive.
J'aime		les fenêtres.
Je n'aime pas		le ménage.
Je vais		la vaisselle.
Je ne vais pas	nettoyer	la salle de séjour.
Il doit		la salle de bain.
Elles doivent		la toilette etc.

(b) Je me suis levé | de bonne heure.
Je me suis couché | tard.
Ils se sont levés |
Elles se sont couchées |

(c) Je n'avais ni lampe électrique ni bougie.
Je n'avais ni le temps ni le courage de protester.
Je n'aime faire ni la vaisselle ni la lessive.

Après le petit déjeuner Mme Berger est entrée dans la cuisine. La bonne, assise à la table, buvait une tasse de café.

Mme B.: Pardon, Madame Albertine. Je vous dérange peut-être?

Mme A.: Mais pas du tout, madame. Qu'est-ce qu'il y a?

Mme B.: Je vous ai envoyé une liste des choses dont nous avons besoin, n'est-ce pas?

Mme A.: Oui, madame, je l'ai reçue la semaine dernière.

Mme B.: Alors vous avez fait les achats?

Mme A.: Moi, non, madame. Je n'ai pas eu le temps. D'ailleurs je ne peux pas porter tout cela en vélomoteur.

Mme B.: Alors nous n'avons rien à manger?

Mme A.: Mais si, madame. Ma fille a fait tous les achats. Elle a une petite Renault 4. Voulez-vous vérifier la liste et me payer la note?

Mme B.: Mais il n'y a pas de viande?

Mme A.: Ma fille n'est pas allée chez le boucher. Elle n'a pas eu le temps. La boucherie est à deux cent mètres.

Vocabulaire

les vacances (f.), *holidays*
accompagner, *to accompany*
entendu, *agreed*
un oranger, *orange tree*
une bonne, *maid*
propre, *clean*
les demoiselles, *the young ladies*

de bonne heure, *early*
pas du tout, *not at all*
d'ailleurs, *besides*
la note, *bill*
la boucherie, *butcher's shop*
un boucher, *butcher*
la toilette, *W.C.*

Unit 59 (cinquante-neuf)

Sur la plage

Un jour les Berger et Nina sont allés à La Napoule, qui est à dix kilomètres de Cannes. Là il y a une jolie petite plage, qui est beaucoup plus tranquille que les plages de Cannes. Pendant que M. et Mme Berger se reposaient sur le sable dans des transatlantiques, les trois jeunes filles, Marie et Jeannette Berger et Nina, se sont baignées. Ensuite elles se sont étendues sur le sable pour prendre un bain de soleil et Nina s'est endormie presque tout de suite.

Après quelque temps un petit enfant qui portait un seau rempli d'eau de mer s'est approché. Quand il est arrivé près des Berger il a trébuché et l'eau est tombée sur une des chaussures de M. Berger. La mère du petit garçon a crié. 'Quel malheur! Comme il est maladroit, ce petit. Il faut l'excuser, monsieur; il n'a que deux ans.'

'Ce n'est rien,' a dit M. Berger. 'C'est un accident. Il n'y a que ma chaussure et ma chaussette qui sont mouillées. Je vais les enlever et les faire sécher au soleil.'

'Comment s'appelle-t-il, le petit?' a demandé Mme Berger.

'Il s'appelle Jean-Pierre. Moi, je m'appelle Mme Aubourg.'

'Vous habitez à La Napoule, madame?'

'Non, madame. Nous sommes en vacances. Nous sommes de Lyon. Nous sommes venus en voiture avec notre caravane.'

'Il y a donc des terrains de camping tout près?'

'Mais oui, il y en a plusieurs.'

'Comment trouvez-vous le camping?'

'Nous l'aimons beaucoup, et c'est beaucoup moins cher qu'à l'hôtel. Mais il faut choisir soigneusement le terrain.'

'Comment choisissez-vous un terrain?'

'Il y a une liste des meilleurs terrains dans le Guide Michelin, "Camping, caravaning en France". Mais maintenant nous nous excusons. Nous devons partir faire des courses. Au revoir, madame, monsieur. A demain.'

I   1   Qu'est-ce que les Berger ont fait un jour?
      2   Pourquoi sont-ils allés à La Napoule?
      3   Qu'est-ce que M. et Mme Berger ont fait sur la plage?
      4   Qu'est-ce que leurs deux filles ont fait?
      5   Nina s'est couchée, et après, qu'a-t-elle fait?
      6   Qu'est-ce qu'il y avait dans le seau?

7 Qu'est-ce qui est arrivé au petit garçon?
8 Quel âge avait-il?
9 Où a-t-il versé l'eau?
10 Qu'est-ce que M. Berger a enlevé? Pourquoi?
11 Comment s'appelait la mère de Jean-Pierre?
12 Où habitait-elle?
13 Pourquoi les Aubourg étaient-ils à La Napoule?
14 Comment y sont-ils venus?
15 Est-ce que le camping est plus cher ou moins cher qu'à l'hôtel?
16 Qu'est-ce qu'ils ont consulté pour choisir un camp?
17 Pourquoi devaient-ils partir?

II Revision. Lisez et apprenez:

(a)

| Les Bergers | se sont assis. |
| Ils | se sont reposés. |

| Les jeunes filles | se sont baignées. |
| Elles | se sont étendues sur le sable. |

Un petit enfant s'est approché.

(b) Qu'est-ce que vous avez fait, Nina?
Je me suis baignée.
Je me suis étendue sur le sable.
Je me suis endormie au soleil. Un petit enfant a crié et je me suis réveillée, heureusement, parce qu'il faisait trop chaud au soleil.

Vocabulaire

un transatlantique, *deckchair*
un seau, *bucket*
rempli, *filled*
s'approcher, *to approach*
trébucher, *to stumble*
un malheur, *misfortune*
maladroit, *clumsy*

mouillé, *wet*
sécher, *to dry*
un (terrain de) camping, *camp site*
soigneusement, *carefully*
nous devons, *we must*
ils devaient, *they had to*

Unit 60 (soixante)

Le Caravaning

Le lendemain matin les Berger ont rencontré une fois de plus la même famille sur la plage et ils ont continué la conversation sur le caravaning.

Mme B.: Vous êtes assez confortables dans votre caravane?

Mme A.: Oui. Nous avons tout ce qu'il nous faut, un canapé qui s'ouvre la nuit, une petite table, une armoire et des placards, un évier, un frigo, et notre petite cuisinière à gaz butane, sur laquelle nous pouvons chauffer l'eau pour le café, ou pour laver la vaisselle. Si l'on préfère l'électricité il y a des prises électriques dans la plupart des campings et il y a aussi des douches à eau chaude.

Mme B.: Mais vous êtes loin des magasins, n'est-ce pas?

Mme A.: Non, il y a un magasin dans le camping, où on peut acheter tout ce qu'il faut, et aussi un restaurant où on peut manger ou acheter des plats à emporter. Enfin il y a un bar si l'on veut prendre des consommations.

Mme B.: Que faut-il faire pour faire la lessive?

Mme A.: Il y a dans chaque camping des lavoirs, souvent à eau chaude.

Mme B.: Vous n'avez pas peur des voleurs, des cambrioleurs?

Mme A.: Il faut choisir un camping gardé, et il y a toujours d'autres campeurs qui sont prêts à vous aider. Mais il faut choisir un camping à deux ou trois étoiles si vous voulez être confortables. Quelquefois il faut écrire à l'avance pour réserver un emplacement.

Monsieur B.: Est-ce qu'il est facile de tirer une caravane?

Monsieur A.: Mais oui. Il faut aller un peu plus lentement, et il faut faire attention quand on arrive à un tournant. Surtout il faut charger très soigneusement la caravane pour tenir l'équilibre.

Monsieur B.: Vous avez eu des accidents?

Monsieur A.: Nous n'avons pas eu d'accidents de circulation, mais nous avons eu des accidents à l'intérieur de la caravane. Par exemple, il y a deux jours notre réservoir à eau est tombé et s'est cassé. Il y a eu une inondation. Le tapis est encore un peu mouillé et en ce moment il sèche au soleil.

Une autre fois la porte d'un placard s'est ouverte et des sacs de farine, des paquets de sucre, et des pots de confiture sont tombés par terre et se sont cassés! Après cela nous avons toujours fermé à clef nos placards avant de partir.

Monsieur B.: Combien de temps allez-vous rester ici?

Monsieur A.: Trois jours seulement. Ensuite nous allons à Perpignan pour une semaine, et puis sur la côte Atlantique à un camping près de Biarritz où nous allons rencontrer des amis.

Monsieur B.: Alors je vous souhaite bon voyage et bonnes vacances. Adieu.

I   Dans un camping, où est-ce qu'on peut
    (1) acheter du beurre, de la confiture, des œufs?
    (2) acheter des plats à emporter?
    (3) acheter des consommations?
    (4) faire la lessive?

II   Dans une caravane, où est-ce qu'on peut
    (1) mettre ses vêtements?
    (2) mettre de la farine etc.?
    (3) mettre des boissons, du beurre etc.?
    (4) chauffer l'eau?
    (5) dormir?
    (6) faire la vaisselle?

III 1 Qu'est-ce qu'il faut faire avant de partir, quand on tire une caravane?
  2 Et qu'est-ce qu'il faut faire en route?
  3 Qu'est-ce qu'il faut faire, si vous avez peur des cambrioleurs?
  4 Et si vous voulez être confortables?

Vocabulaire

un canapé, *couch*
une armoire, *wardrobe*
un évier, *sink*
une cuisinière à gaz, *gas cooker*
chauffer, *to heat*
une prise électrique, *socket*
emporter, *to carry away*
une consommation, *drink*
un lavoir, *wash place*
une étoile, *star*

un emplacement, *site*
un tournant, *turning, bend*
charger, *to load*
l'équilibre, *balance*
(se) casser, *to break*
la farine, *flour*
un tapis, *carpet*
la côte, *coast*
souhaiter, *to wish*

Unit 61 (soixante et un)

Vol à Genève

M. et Mme Cartier vont à Genève.
Ils sont arrivés en taxi à l'Aérogare des Invalides et y sont entrés.
Ils ont déjà réservé des places sur le vol 123 pour Genève.

Une employée d'Air France:	Vous avez vos billets, monsieur?
M. Cartier:	Les voici.
L'employée:	C'est pour le vol 123 pour Genève. Vous avez des bagages?
Mme Cartier:	J'ai une valise. La voici.
L'employée:	Je vais la peser. Ah bon. Ça va. Il n'y a pas d'excédent.
	Et maintenant votre valise, monsieur.
	Cette valise est trop lourde. Il faut payer un supplément de quinze francs.
M. Cartier:	Bon, les voici. Où faut-il aller pour trouver le car pour Orly?
L'employée:	Il faut aller à la salle d'attente B, monsieur.

Ils ont pris le car et dans une demi-heure ils sont arrivés à Orly.
Ils sont descendus de l'autocar et sont entrés dans l'aéroport.

Un haut-parleur:	Attention, s'il vous plaît. Messieurs les voyageurs Air-France vol 123 à destination de Genève sont priés de passer par la porte numéro trois. L'avion va partir dans une demi-heure.
M. Cartier:	Il y a d'abord le contrôle des passeports. Allons-y.
Un agent:	Vos passeports, s'il vous plaît.
M. Cartier:	Les voici, monsieur.
L'agent:	Merci. Ça va.

M. Cartier:	Ensuite il y a la douane.
Un douanier:	Avez-vous quelque chose à déclarer?
M. Cartier:	Non, je n'ai rien à déclarer.
Le douanier:	Et vous, madame?
Mme Cartier:	Je n'ai rien à déclarer non plus.
Le douanier:	Vous n'avez pas de cigarettes?
Mme Cartier:	Si, monsieur. J'ai quatre paquets.
Le douanier:	Vous n'avez pas de whisky?
Mme Cartier:	Non, je n'ai pas de whisky.
Le douanier:	Ouvrez votre valise. *(Il fouille la valise)*. Bon, vous pouvez partir.

Ensuite ils ont suivi un long corridor et sont arrivés enfin à l'avion. Ils y sont montés et ont trouvé deux places à l'arrière.

Un haut-parleur: Bonjour, mesdames, messieurs. Le commandant Martin et son équipage vous souhaitent la bienvenue. Dans dix minutes nous allons décoller pour Genève. Nous allons voler à 8,000 (huit mille) mètres d'altitude, à environ 700 (sept cents) kilomètres à l'heure. Voulez-vous bien attacher vos ceintures de sauvetage avant le départ et éteindre vos cigarettes.

Cinq minutes plus tard ...

Mme Cartier: Quel bruit infernal! Qu'est-ce qui se passe? Tu sais, Jacques, c'est mon premier vol et je suis un peu inquiète.

M. Cartier: Calme-toi, chérie, ce n'est rien. On va bientôt décoller. Tu vas voir. Il n'y a plus de bruit quand on a décollé.

Mme Cartier: Voilà qu'on décolle. Tu as raison. Je n'ai senti aucun mouvement. Quelle vue magnifique déjà!

Une demi-heure plus tard une hôtesse de l'air est arrivée. Elle portait un plateau.

L'hôtesse: Voici votre déjeuner, madame.

Mme Cartier: Merci beaucoup.

M. Cartier: Eh bien, mademoiselle, moi, je n'ai pas de déjeuner?

L'hôtesse: Mais si. Je vais vous l'apporter tout de suite. Le voici. *(M. Cartier regarde le plateau.)*

M. Cartier: Je n'ai ni couteau ni fourchette.

L'hôtesse: Si, monsieur, les voilà, dans ce paquet.

M. Cartier: Il y a du sel?

L'hôtesse: Oui, monsieur, dans un autre paquet. Il y a aussi un paquet de lait en poudre, et un paquet de sucre pour le café.

M. Cartier: Merci beaucoup, mademoiselle. Vous êtes bien aimable. Je m'excuse de vous déranger.

L'hôtesse: Je vous en prie, monsieur.

Une demi-heure plus tard l'avion a commencé sa longue descente sur Genève. Enfin il a atterri doucement sur la piste. Il s'est arrêté et les passagers sont descendus.

M. Cartier: Tu vois. Tout s'est bien passé, n'est-ce pas?

Mme Cartier: Mais oui. J'aime beaucoup le vol en avion.

I A l'Aérogare des Invalides

1 Qu'est-ce que M. Cartier a montré à l'employée? Il lui ...
2 Qu'est-ce que l'employée a pesé? Elle ...
3 Pourquoi M. Cartier a-t-il payé un supplément?
4 Où sont-ils allés pour trouver le car pour Orly?

A l'Aéroport d'Orly

5 Qu'est-ce qu'ils ont fait en arrivant à Orly dans le car?
6 Qu'est-ce qu'ils ont entendu en entrant dans l'aéroport?
7 Qu'est-ce qu'ils ont montré à un agent?
8 Où sont-ils allés ensuite? *(douane)*

II Dans l'avion

1 Où ont-ils trouvé des places?
2 Qu'est-ce qu'il faut toujours faire avant le départ d'un avion?
3 A quelle altitude l'avion allait-il voler?
4 Et à quelle vitesse?
5 Quel repas ont-ils pris une demi-heure plus tard?
6 Qu'est-ce qu'ils ont fait quand l'avion s'est arrêté sur la piste?
7 Est-ce que Mme Cartier a été contente ou mécontente du vol?

III Apprenez:

(*a*) Je n'ai ni couteau ni fourchette.
Je n'ai ni lait ni sucre.
Je n'ai ni sel ni poivre.

(*b*) Je voudrais du sel. Voici un paquet de sel.
Je voudrais du sucre. Voici un paquet de sucre.
Je voudrais du lait. Voici un paquet de lait en poudre.

Vocabulaire

une aérogare, *air terminal*
un vol, *flight*
peser, *to weigh*
un excédent, *excess*
lourd, *heavy*
un car, *motorcoach*
un haut-parleur, *loudspeaker*
prier, *to beg, to request*
la douane, *customs*
un douanier, *customs officer*
fouiller, *to search*
l'arrière, *rear*
un équipage, *crew*
souhaiter la bienvenue, *to welcome*

décoller, *to take off*
environ, *about*
une ceinture de sauvetage, *safety belt*
éteindre, *to extinguish, put out*
Qu'est-ce qui se passe? *What's happening*
inquiet (inquiète), *anxious*
sentir, *to feel*
ne ... aucun, *no*
une poudre, *powder*
atterrir, *to land*
la piste, *runway*
la vitesse, *speed*

Reference vocabulary

L'avion en provenance de Londres va
arriver dans dix minutes, *the plane
coming from London, etc.*
Il faut faire enregistrer les bagages, *you
must have your luggage registered*

Y a-t-il encore des places pour Nice?
are there any seats left for Nice?
Il y a un vol direct pour Londres, *there
is a through flight to London*

KEY

Unit 2, Ex. I
3. Un homme; 4. Un garçon; 5. Un docteur.

Unit 2, Ex. II
3. (Il est) dans l'autobus; 4. (Il est) dans l'hélicoptère; 5. (Il est) dans l'hôpital.

Unit 3, Ex. I
2. Une fillette; 3. (L) Qui est dans l'avion? Une hôtesse de l'air; 4. (M) Qui est
dans l'hôpital? Une infirmière; 5. (N) Qui est dans la cabine téléphonique? Une
jeune fille.

Unit 3, Ex. II
2. Elle est dans la caravane; 3. (L) Où est l'hôtesse de l'air? Elle est dans l'avion;
4. (M) Où est l'infirmière? Elle est dans l'hôpital; 5. (N) Où est la jeune fille?
Elle est dans la cabine téléphonique.

Unit 3, Ex. III
C. C'est un garçon? Non, c'est une fillette; D. C'est un homme? Non, c'est une
femme; E. C'est une maison? Non, c'est une caravane.

Unit 4, Ex. I
1. C'est un chanteur anglais; 2. C'est un port français; 3. C'est un fromage
français; 4. C'est un chanteur; 5. C'est un acteur anglais; 6. C'est un fromage
anglais; 7. C'est un homme politique français; 8. C'est un vin français; 9. C'est
un port anglais; 10. C'est un pianiste anglais.

Unit 4, Ex. II
1. C'est une actrice française; 2. C'est une ville anglaise; 3. C'est une voiture
française; 4. C'est une chanteuse française; 5. C'est une actrice anglaise; 6. C'est
une actrice française; 7. C'est une cigarette française; 8. C'est une ville française;
9. C'est une voiture anglaise; 10. C'est une cigarette anglaise.

Unit 5, Ex. I
B. C'est le Sacré-Coeur; C. C'est l'Arc de Triomphe; D. C'est l'Hôtel de Ville.

Unit 5, Ex. II
B. Voici une photo du Sacré Coeur; D. Voici une photo de l' Hôtel de Ville.

Unit 6, Ex. I
B. C'est la Cathédrale Notre Dame; C. C'est la Place de la Concorde; E. C'est
l'Eglise de la Madeleine.

Unit 6, Ex. II
B. Voici une photo de la Cathédrale Notre Dame; C. Voici une photo de la Place de la Concorde; E. Voici une photo de l'Eglise de la Madeleine.

Unit 7, Ex. I
3. Elle s'appelle Denise; 4. Elle s'appelle Monique.

Unit 8, Ex. II
B. Il téléphone; C. Elle achète un kilo de sucre; D. Il achète une orangeade; E. Elle achète une glace.

Unit 8, Ex. III
B. Il est neuf heures; C. Il est dix heures; D. Il est onze heures; E. Il est quatre heures.

Unit 8, Ex. IV
B. Il est au bureau; C. Elle est au marché; D. Il est au café; E. Elle est au café-bar.

Unit 9, Ex. I
B. C'est Mme Lenoir; C. C'est M. Laval; D. C'est Marc Lenoir; E. C'est Denise Lenoir.

Unit 9, Ex. II
C. Il va au poste de police; D. Il va au collège; E. Elle va au bureau.

Unit 9, Ex. III
B. Est-ce que Mme Lenoir est secrétaire? Non, elle est ménagère; C. Est-ce que M. Laval est étudiant? Non, il est détective; D. Est-ce que Marc Lenoir est homme d'affaires? Non, il est étudiant; E. Est-ce que Denise Lenoir est ménagère? Non, elle est secrétaire.

Unit 9, Ex. IV
B. En autobus. (Elle y va en autobus); C. A pied. (Il y va à pied); D. En scooter. (Il y va en scooter); E. En vélo. (Elle y va en vélo).

Unit 9, Ex. V
B. Je vais au marché; C. Je vais au poste de police; D. Je vais au collège; E. Je vais au bureau.

Unit 9, Ex. VII
3. Je suis détective; 4. Je suis étudiant; 5. Je suis secrétaire.

Unit 10, Ex. I
A 1. On y vend des cigarettes et des timbres; 2. Elles sont dans des paquets; 3. 'Je voudrais des cigarettes, monsieur, s'il vous plaît'; 4. Il demande 'Cinq timbres à un franc'; B5. On vend et on achète des livres; 6. ils sont sur des rayons; 7. 'C'est combien, ce livre, mademoiselle?'; 8. 'Dix francs, monsieur.'

Unit 10, Ex. II
C 1. On y achète des baguettes et des croissants; 2. Elles sont sur le comptoir; 3. Non, il est derrière le comptoir; 4. Elle demande: 'C'est combien, une baguette?'; 5. 'Un croissant, c'est combien?'

Unit 10, Ex. III
1. Qu'est-ce qu'on achète dans la fruiterie? On y achète des pommes, des poires et des bananes; 2. Où sont les bananes et les poires? Elles sont sur le comptoir;

3. Est-ce que la boulangère est devant le comptoir? Non, elle est derrière le comptoir; 4. Qu'est-ce que la dame demande d'abord? 'Je voudrais des pommes, s'il vous plaît;' 5. Qu'est-ce que le marchand de fruits demande? Combien, madame?

Unit 11, Ex. I
B. C'est Yvonne et Denise; C. C'est M. et Mme Laval; D. C'est Claire et Louise.

Unit 11, Ex. II
B. Elles vont à la piscine; C. Ils vont à la maison; D. Elles vont à l'arrêt d'autobus.

Unit 11, Ex. III
B. En vélo; C. Comment vont-ils à la maison? En voiture; D. Comment vont-ils à l'arrêt d'autobus? A pied.

Unit 11, Ex. IV
B. Bonjour, Yvonne et Denise. Où allez-vous? Nous allons à la piscine; C. Bonjour, M. et Mme Laval. Où allez-vous? Nous allons à la maison; D. Bonjour, Claire et Louise. Où allez-vous? Nous allons à l'arrêt d'autobus.

Unit 12, Ex. I
A1. Il est debout; 2. Il est assis à gauche; 3. Non, elle est assise à droite; B4. Elle porte un plateau; 5. Il y a une tasse et une soucoupe, une bouteille et un verre; 6. Il y a du thé; 7. Il y a du whisky; C8. Elle y met la tasse et la soucoupe; 9. Elle y met la bouteille et le verre; 10. Elle met une nappe blanche sur la table qui est à gauche, et une nappe noire sur la table qui est à droite; F11. Elle est devant le jeune homme sur la table qui est à gauche; 12. Elle est devant la dame sur la table qui est à droite.

Unit 12, Ex. III
1. jolie; 2. noir; 3. assise; 4. blanche; 5. noire; 6. blanc; 7. assis; 8. joli.

Unit 13, Ex. I
1. Il est assis à une table sur la terrasse devant le café; 2. Il est debout; 3. Il porte un plateau; 4. Il met la bouteille et un verre sur la table; 5. Il verse du vin dans son verre; 6. Il boit du café; 7. Il prend un café-crème; 8. Il est excellent; 9. Il est très bon.

Unit 14, Ex. III
3. Il arrive au bureau à 8h. 30 (huit heures et demie); 4. Il déjeune à midi trente; 5. Il quitte le bureau à 5h. 15 (cinq heures et quart); 6. Il arrive à la maison à 5h. 45 (cinq heures quarante-cinq).

Unit 15, Ex. I
D. Il y en a deux; E. Il y en a trois; F. Il y en a cinq; G. Il y en a sept.

Unit 15, Ex. II
B. Ils sont dans le ciel; C. Où sont les personnes? Elles sont à l'arrêt d'autobus; D. Où sont les cambrioleurs? Ils sont dans le bâtiment; E. Où sont les agents de police? Ils sont devant le bâtiment; F. Où sont les agents et les cambrioleurs? Ils sont dans la camionnette.

Unit 15, Ex. III
2. C'est jeudi; 3. C'est dimanche; 5. C'est dimanche.

Unit 16, Ex. II
1. Il part en voiture; 2. Il s'arrête aux feux rouges; 3. Il part dans dix minutes;
4. Elle est sur le trottoir, devant la maison; 5. Il est sur le trottoir; 6. Il retourne
à la maison; 7. Il y trouve ses affaires.

Unit 17, Ex. I
une heure sept (minutes); deux heures douze; trois heures vingt-trois; quatre
heures vingt-neuf; neuf heures trente-six; dix heures quarante-deux; onze
heures quarante-neuf.

Unit 17, Ex. II
1. C'est janvier; 2. C'est mai; 3. C'est novembre; 4. C'est décembre; 5. Il y
en a douze.

Unit 17, Ex. III
le trois avril; le onze juin; le quinze juillet; le dix-neuf septembre; le vingt-
trois octobre; le vingt-cinq novembre.

Unit 18, Ex. I
1. Non, c'est l'appartement de la famille Lenoir; 2. Non, elle est dans le vestibule;
3. Elle voit le taxi; 4. Non, il est dans la salle de bains; 5. Il est dans la chambre;
6. Il fait beau et chaud; 7. Non, il porte son imper(méable); 8. Il y en a quatre;
9. Il met les valises dans le coffre.

Unit 19 Nil.

Unit 20, Ex. I
1. Il y a un quart d'heure (quinze minutes); 2. Il va au kiosque, pour acheter
des journaux; 3. La vendeuse lui vend les journaux; 4. Il lui donne dix-huit
francs; 5. Parce qu'ils ont trois minutes seulement; 6. Ils sont dans la poche
de son pardessus qui est dans le train; 7. Mme Lenoir (lui montre les billets);
8. Parce que le train part tout de suite.

Unit 21, Ex. I
1. Elle est assise dans un coin près de la fenêtre; 2. Il est assis en face de sa
femme; 3. Il dort; 4. Un garçon de restaurant; 5. 'Est-ce que vous avez faim?'
6. 'Moi aussi, j'ai très faim.' 7. C'est à une heure quinze.

Unit 21, Ex. II
1. Non, il habite à Paris; 2. Non, il habite dans une petite maison; 3. Non, il
est professeur; 4. Il est Anglais; 5. Elle est Française; 6. Parce que sa femme est
Française; 7. Non, il enseigne l'anglais; 8. Non, il arrive à la Gare de Lyon;
9. Il dure neuf heures.

Unit 22, Ex. II
(a) Qu'est-ce qu'il va faire? B. Il va nager; C. Il va écouter des disques et danser;
D. Il va acheter des timbres; E. Il va nettoyer la voiture; (b) Qu'est-ce qu'ils
vont faire? G. Ils vont danser; H. Ils vont écouter un concert.

Unit 23, Ex. I
1. Il y en a quatre; 2. Ils vont rester deux semaines à Paris; 3. Ils font le trajet
en taxi; 4. Il voudrait voir les chambres; 5. Elles sont au troisième étage;
6. Non, ils y montent dans l'ascenseur; 7. Ils vont dîner à sept heures et demie;

8. Ils vont prendre le petit déjeuner à sept heures et quart; 9. Dans la chambre; 11. C'est Paris; 12. C'est Londres.

Unit 24, Ex. I
du café; du sucre; de la crème; du beurre; de la confiture.

Unit 24, Ex. II
1. Il est sept heures et quart du matin; 2. Ils sont au lit; 3. Ils attendent le petit déjeuner; 4. La femme de chambre; 5. Elle le met sur la table qui est entre les deux lits; 6. Il demande s'il ya des croissants; 7. Il demande s'il y a du sucre; 8. Elles vont visiter les Grands Magasins; 9. Il va aller au bureau du président de la société; 10. Il va faire une promenade dans la ville.

Unit 25, Ex. I
1. Elle veut acheter un parapluie; 2. Elle veut acheter une robe; 3. Il est au premier étage; 4. Il est au deuxième étage; 5. Elle veut acheter un parapluie élégant mais robuste; 6. Elle veut acheter une robe rouge; 7. La deuxième est plus courte; 8. Il est bon marché.

Unit 26, Ex. II
1. On peut aller partout; 2. Il achète un billet au guichet; 3. Il est moins cher; 4. Il regarde un plan du métro; 5. A Châtelet; 6. A St. Michel; 7. Il s'arrête dans quelques librairies; 8. Il cherche une table libre; 9. Il est moins cher; 10. Il boit lentement son café; 11. Il commence à lire.

Units 27 and 28 Nil

Unit 29, Ex. III
B. Nina, quelle est votre adresse? 39, Boulevard St. Michel; Habitez-vous dans une maison ou dans un immeuble? J'habite dans un immeuble; A quel étage habitez-vous? J'habite au quatrième étage; Habitez-vous seule ou avec quelqu'un? J'habite chez la famille Berger; C. D. E. F. Use the same questions and substitute the answers, using the clues given.

Unit 30, Ex. I
1. Elle est à gauche; 2. Conchita; 3. Non. il est devant Conchita; 4. Conchita; 5. Non, il est à côté de Conchita; 6. Non, elle est derrière John.

Unit 30, Ex. II
1. Je suis assise entre Carlo et Hans, et derrière John; 2. Je suis assis à côté de Conchita, et derrière Ingrid; 3. Je suis assis entre Nina et Ingrid et devant Conchita; 4. Je suis assise à côté de John, et devant Hans.

Unit 30, Ex. IV
2. Qu'est-ce que (John) veut faire dans la vie? Il veut être (professeur); (and similarly substitute the name, Il or Elle veut and the profession.)

Unit 30, Ex. V
Ask and answer 2–6, using 1 as model.

Unit 31, Ex. II
Last column order. 3. 4. 5. 1. 2. 7. 6.

Unit 31, Ex. III
Use the same order as in Ex. II; e.g. 2: Pourquoi ne pouvez-vous pas acheter le livre? Parce que je n'ai pas d'argent.

Unit 31, Ex. IV
2nd column order: il danse mal; je n'aime pas les enfants; elle coûte trop cher; je suis fatigué; il fait trop chaud; l'eau est trop froide; il boit trop de vin; elle joue si bien.

Unit 32, Ex. II
1. Elle prend d'abord un chariot; 2. Un kilo; 3. Un grand pot; 4. Six cents grammes; 5. Elle trouve d'abord le beurre; 6. Elle le met dans le chariot; 7. Elle cherche la confiture; 8. Elle la met dans le chariot; 9. Elle les met dans le chariot; 10. Elle y cherche du jambon et du fromage; 11. Elle préfère le camembert; 12. Elle attend dans la queue à la caisse; 13. Elle vide le chariot et après elle fait le calcul sur la caisse enregistreuse; 14. Elle lui donne vingt-cinq francs; 15. Elle remplit son painier et sort du magasin.

Unit 32, Ex. III
une tasse de café, du café; une bouteille d'orangeade, de l'orangeade; un verre de vin, du vin; un pot de crème, de la crème; une boîte de cigarettes, des cigarettes; une paire de chaussettes, des chaussettes.

Unit 33, Ex. I
1. Elle va chez la marchande de fruits; 2. Elle fait des courses pour Mme Berger; 3. Elle entre dans la fruiterie; 4. Elle est derrière le comptoir; 5. C'est une grosse dame; 6. Elle porte un long tablier blanc; 7. Elle veut acheter trois kilos de pommes de terre; 8. Elle veut en acheter un demi-kilo; 9. Elle lui donne trente-cinq francs.

Unit 33, Ex. III
1. la; 2. les; 3. les; 4. la; 5. le; 6. les; 7. la; 8. les; 9. le; 10. les.

Units 34 and 35 Nil

Unit 36, Ex. II
1. Pour acheter (du beurre etc.); 2. Pour acheter des fruits; 3. Pour acheter du pain et des croissants; 4. Pour acheter des cigarettes ou des timbres; 5. Pour boire du café.

Unit 36, Ex. IV
Second colum order: 4. 3. 7. 1. 6. 5. 2.

Unit 37, Ex. III
Que fait-il? Qu'est-ce qu'il a fait? 2. Il a passé le sucre à sa soeur. Il passé le sucre à sa soeur; 3. Il réveille son frère. Il a réveillé son frère; 4. Il mange le potage. Il a mangé le potage; 5. Il nage 50 mètres. Il a nagé 50 mètres; 6. Il décroche le téléphone; Il a décroché le téléphone; 7. Il achète un billet. Il a acheté un billet.

Unit 37, Ex. IV
1. Non, il est professeur. 2. M. Norbert est représentant de commerce; 3. C'est un bon vendeur; 4. Les devoirs de son fils; 5. Il entre dans la salle de séjour; 6. Il essaye de trouver la solution d'un problème de maths.

Unit 37, Ex. V
Il chante mal; c'est un mauvais chanteur. Il joue mal; c'est un mauvais joueur.

Unit 38, Ex. I
2. J'ai regardé un match à la télévision; 3. J'ai fait une promenade; 4. Nous avons joué au tennis.

Unit 38, Ex. II
1. Non, au supermarché; 2. Non, à la télévision; 3. Dans le Jardin du Luxembourg avec une amie française; 4. Dans le Bois de Boulogne.

Unit 38, Ex. III
2. Non, hier après-midi; 3. Non, samedi après-midi; 4. Non, samedi soir.

Unit 38, Ex. IV
Change *j'ai* to *il a*; e.g. il a pris, il a fait etc.

Unit 38, Ex. VI
2. Quand est-ce que Marc a choisi le cadeau? Il y a deux jours, and so on.

Unit 39, Ex. I
1. Ils ont causé, ils ont bu des tasses de café, etc; 2. Ils ont joué aux cartes, etc; 3. Ils ont vu un vieux film; 4. Elle a tricoté et elle a lu un magazine.

Unit 39, Ex. IV
1. J'en ai une; 2. J'en ai deux; 3. J'en ai deux; 4. J'en ai un.

Unit 39, Ex. V
(*b*)3. Il a apporté de l'eau de Vichy; 4. Il a mis une petite bouteille sur la table; (*c*)5. Il a mis la moutarde sur la table; (*d*)6. Il lui a donné une serviette; (*e*)7. Il va lui donner la carte; 8. Il va commander le repas.

Unit 40, Ex. III
2. Est-ce qu'il a ouvert la lettre? 3. Est-ce qu'il a lu la lettre trois fois? 4. Est-ce qu'il a mis la lettre dans sa poche? 5. Est-ce qu'il a écrit une lettre à son père?

Unit 40, Ex. IV
1. Il a reçu une lettre de ses parents; 2. Il a reçu une carte postale de sa petite soeur Lola; 3. Il a reçu un paquet de son frère Manuel; 4. Il a trouvé de l'argent; 5. Elle lui a écrit: 'Heureux Anniversaire'; 6. Il y a trouvé une lettre et des mouchoirs.

Unit 40, Ex. VI
1. Il a cinq ans; 2. Il habite dans l'appartement à côté; 3. Il arrive souvent chez Conchita; 4. Il y a passé deux semaines; 5. Il a raconté tout ce qu'il a fait et tout ce qu'il a vu; 6. Il parle anglais; 7. Il parle français.

Unit 41, Ex. II
1. Il va changer des chèques de voyage à la Banque, parce qu'il n'a plus d'argent; 2. Il va acheter un nouveau plan-guide de Paris, parce qu'il a perdu son plan-guide; 3. Elle va acheter un tube de dentifrice, parce qu'elle n'a plus de dentifrice; 4. Elle va aller au commissariat de Police, parce qu'elle a perdu son porte-monnaie; 5. Elle va chercher un garage, parce qu'elle n'a plus d'essence; 6. Il va aller au Club des Etudiants, parce qu'il veut prendre l'apéritif, et causer avec ses amis; 7. Il va jouer au tennis, parce qu'il fait beau.

Unit 42, Ex. I
Correct order of answers: 3, 7, 4, 1, 8, 5, 2, 6, 10, 9.

Unit 42, Ex. IV
A. Je l'ai laissée dans le train, (à la gare); B. Je les ai cassées; C. Le chat les a mangés; D. Toto l'a bue; E. Le chien l'a prise; F. Lulu les a coupées.

Unit 43, Ex. I
(b)2. Je l'ai déjà lue; 3. Je l'ai déjà fermée; 4. Je l'ai déjà ouverte; 5. Je les ai déjà écrites; 6. Je les ai achetés ce matin; 7. Je les ai oubliés, je les ai laissés à la maison.

Unit 43, Ex. II
1. le; 2. la; 3. le; 4. les; 5. les; 6. le; 7. les; 8. l'; 9. les.

Unit 44, Ex. II
1. J'ai été à la librairie, où j'ai acheté un plan-guide de Paris; 2. J'ai été chez la coiffeuse, où j'ai eu une coupe et une mise en plis; 3. J'ai été à la pharmacie, où j'ai acheté un tube de dentifrice et une nouvelle brosse à dents; 4. J'ai été au café pour prendre un apéritif et causer avec mes amis.

Unit 44, Ex. IV
Je voudrais une cravate (bleue). Je voudrais des gants (en coton). Je voudrais des chaussures (bleues).

Unit 45, Ex. I
1. Il y va en métro; 2. C'est le six mai; 3. Il y est allé en autobus; 4. Il est sorti de la maison à huit heures et demie; 5. Il. y est arrivé à neuf heures; 6. Quand est-il entré dans la salle de classe? Il y est entré deux minutes plus tard (ou à neuf heures deux); 7. Quand est-il sorti de l'école? Il est sorti de l'école à midi; 8. Quand est-il rentré à la maison? Il y est rentré à midi et demi.

Unit 45, Ex. II
(b) Quand êtes-vous arrivé à l'école? Je suis arrivé à neuf heures; (c) Quand êtes-vous entré dans la salle de classe? Je suis entré, etc; (d) Quand êtes-vous sorti de l'école? Je suis sorti, etc; (e) Quand êtes-vous rentré à la maison? Je suis rentré à midi et demi.

Unit 45, Ex. III
1. Je suis sortie, etc; 2. Je suis arrivée etc; 3. Je suis entrée, etc; 4. Je suis sortie, etc; 5. Je suis rentrée, etc.

Unit 45, Ex. V
1. Il a reçu une lettre et de l'argent; 2. Il fait mauvais temps. Il fait froid et il pleut; 3. Il a fait beau; 4. Non, il a fait une promenade à la campagne; 5. Non, il y est allé avec trois étudiants; 6. Ils sont arrivés à Marlotte; 7. Elle a voulu marcher plus lentement que lui; 8. Non, il y est allé le 14 octobre; 9. Il a acheté deux chemises jaunes et un pantalon; 10. Non, elles étaient très bon marché; 11. Il est allé chez son professeur, M. Cartier; 12. Non, il habite près de l'école; 13. Il en a deux; 14. Elle est plus âgée que lui.

Unit 46, Ex. II
1. Il est descendu; 2. Il est entré; 3. Il a pris. Il a mangé; 4. Il a bu; 5. Il est parti; 6. Il est allé; 7. Il est monté; 8. Il est arrivé.

Unit 46, Ex. VII
1. (On y achète) des tubes de dentifrice, etc.; 2. (On y achète) des livres et des journaux; 3. (On y achète) des fruits et des légumes; 4. (On y achète) des timbres et des mandats; 5. (On y achète) des cigarettes et des timbres; 6. (On y achète) toutes sortes de choses; 7. (On y achète) de l'essence.

Unit 47, Ex. II
2. Comment Hans est-il venu à l'école? Il est venu à pied; 3. Comment Carlo est-il venu? Il est venu en moto; 4. Comment Ingrid est-elle venue? Elle est venue en vélomoteur; 5. Comment Nina est-elle venue? Elle est venue en autobus; 6. Comment Conchita est-elle venue? Elle est venue en auto.

Unit 47, Ex. III
1. C'était le premier avril; 2. Parce que c'était le premier avril; 3. Non, il est parti à pied; 4. Non, il est allé d'abord à l'arrêt d' autobus; 5. Il a vu le poisson; 6. Il a dit: 'Poisson d'avril'; 7. Il a souri; 8. Il a dit: 'Je sais bien qui a fait ça.'

Unit 47, Ex. IV
4. il a regardé la télévision; 5. nous avons travaillé; 6. j'ai vu ma famille; 7. ils ont nagé dans la piscine; 8. elle a écouté la radio; 9. ce matin nous avons lu le journal; 10. hier (ou aujourd'hui) j'ai écrit une lettre à ma fiancée.

Unit 48, Ex. I
1. Il faisait noir; 2. Ils essayaient de contrôler la circulation; 3. Ils se promenaient dans la rue; 4. Il était dans sa chambre; 5. Il lisait un livre; 6. Ils regardaient la télévision; 7. Il était dans le métro; 8. Il lisait son journal; 9. Elle était dans le supermarché; 10. Elle achetait des provisions.

Unit 49, Ex. I
e.g. Nina, 1. J'étais dans la rue; 2. Je me promenais avec Carlo; 3. Nous sommes entrés dans un café.

Unit 49, Ex. II
(a) Ils rest*aient* à la maison, ils écout*aient*, etc; (b) Ils sort*aient* toujours, etc; (c) Ils port*aient* des vêtements chauds, etc; (d) Ils pren*aient* des bains de soleil; (e) Ils allum*aient* la lampe.

Unit 49, Ex. III
1. Il a téléphoné à son amie Nicole; 2. Il voulait aller au cinéma; 3. Elle commençait à cinq heures et quart; 4. Il voulait lui donner rendez-vous devant le cinéma; 5. Il y est arrivé avant cinq heures; 6. Non, parce qu'elle n'était pas encore là; 7. Parce qu'il n'avait plus de tabac pour sa pipe; 8. Pour acheter du tabac; 9. Parce qu'elle ne voulait pas manquer les actualités; 10. C'est plus cher; 11. Il les a choisies au milieu; 12. Il lui a donné un pourboire; 13. Il est interdit de fumer.

Unit 50, Ex. III
2. Où *étiez-vous* à neuf heures précises? *Nous étions* à la Concorde, and so on, 3–10.

Unit 50, Ex. IV
1. Il jouait de la guitare; 2. Non, il jouait du tambour; 3. Son ami Jules (jouait du piano); 4. Il jouait du violon; 5. Elle chantait; 6. Il y en avait cinq; 7. Ils essayaient d'imiter un groupe professionnel; 8. Parce qu'ils faisaient souvent

beaucoup trop de bruit; 9. Ils oubliaient de jouer plus doucement; 10. Parce qu'elle était enfin exaspérée; 11. Il leur a dit de louer un studio insonorisé; 12. Ils ont promis de ne plus jouer chez Carlo; 13. Il a été très déçu.

Unit 51, Ex. I
1. Ils y vont six fois par semaine; 2. Ils ont congé mercredi après-midi; 3. Ils sont libres samedi après-midi; 4. Il voulait sortir; 5. Il faisait beau; 6. Il était bleu; 7. Il voulait aller au Bois de Boulogne; 8. Il a téléphoné à Ingrid; 9. Elle l'a acceptée; 10. Non, ils y sont allés en voiture.

Unit 51, Ex. IV
1. elle ne l'a pas encore mise; 2. nous ne les avons pas encore mangés; 3. je ne l'ai pas encore fini; 4. je ne l'ai pas encore vu; 5. je ne l'ai pas encore écrite; 6. nous ne les avons pas encore achetées; 7. je ne l'ai pas encore essayée.

Unit 51, Ex. V
1. *Combien de temps faut-il pour aller* à la gare? Il faut cinq minutes; 2. au théâtre? Il faut dix minutes; 3. au Louvre? Il faut trois quarts d'heure; 4. A l'Arc de Triomphe? Il faut vingt minutes; 5. au commissariat de Police? Il faut une demi-heure; 6. à l'Opéra? Il faut vingt-cinq minutes.

Unit 52, Ex. I
1. Un cambrioleur est entré chez elle; 2. Elle a entendu un bruit dans sa chambre; 3. Un homme masqué; 4. Il portait une grosse torche; 5. Non, elle a refusé; 6. Elle l'a saisi par le bras; 7. Elle l'a jeté par-dessus sa tête; 8. Parce qu'il a frappé la tête contre la table; 9. Deux hommes sont arrivés; 10. Parce qu'elle sait faire du judo.

Unit 52, Ex. III
The answer is always in the text beginning with 'Pendant qu'elle. . . .'

Unit 53, Ex. I
1. Parce qu'ils voulaient célébrer vingt-cinq ans de mariage; 2. Ils ont décidé de passer la soirée à l'Opéra; 3. Il a réservé deux places à l'Opéra; 4. Ils regardaient la carte; 5. Elle était belle et élégante; 6. Non, elle s'y est assise sans attendre la réponse; 7. Non, elle a mangé très peu; 8. Il n'y avait rien.

Unit 53, Ex. III

Column 2	*Column 3*
J'ai écouté la radio.	Elle est allée au bal.
Je suis allé au cinéma.	Elle a tricoté un pullover.
J'ai écrit des lettres.	Elle a joué au golf.
J'ai fait le ménage.	Elle est allée au bord de la mer.
J'ai tapé à la machine.	Elle a regardé la télévision.

Unit 54, Ex. III
Je me suis déshabillé(e); j'ai mis mon slip; je me suis baigné(e); je suis sorti(e) de l'eau; je me suis étendu(e); je me suis reposé(e); je me suis endormi(e); je me suis réveillé(e); je me suis levé(e); je me suis lavé(e); je me suis habillé(e); je suis rentré(e).

Unit 54, Ex. IV
Allemagne; Italie; France; Suède.

Unit 55, Ex. I
1. Elle les a invités à passer la soirée chez elle le lendemain; 2. Non, parce que c'était son anniversaire; 3. 'Mon appartement est assez grand'; 4. Non, ils ont tous accepté; 5. Ils lui ont apporté un petit flacon de parfum; 6. Ils lui ont apporté un porte-monnaie; 7. Ils lui ont apporté un beau foulard; 8. Il a pris une photo de Conchita; 9. Elle a été très heureuse; 10. Il a bu de la bière; 11. Elle a bu du vin blanc; 12. Ils ont dansé pendant une heure; 13. Elle lui a appris à danser; 14. Ils ont joué au bridge; 15. Ils leur ont appris à jouer au bridge; 16. Ils ont remercié leur jeune hôtesse.

Unit 56, Ex. I
1. Il a passé la soirée chez des amis; 2. Il est parti à minuit moins le quart; 3.Il s'est promené le long de la rue; 4. Une camionnette noire s'est arrêtée près de lui, et deux agents en sont descendus; 5. Il l'a cherchée dans toutes ses poches; 6. Parce qu'il l'avait laissée chez lui; 7. Il y en avait cinq; 8. Il n'a rien dit; 9. Ils sont descendus et sont entrés dans le commissariat; 10. Il a téléphoné à M. Cartier.

Unit 57, Ex. I
B. Il doit porter le bras en écharpe, parce qu'il a mal au bras; C. Il doit prendre un comprimé, parce qu'il a mal à la tête; D. Il doit aller chez l'oculiste, parce qu'il a mal aux yeux; E. Il doit aller chez le dentiste, parce qu'il a mal aux dents.

Unit 57, Ex. II
1. Quand on a mal aux dents; 2. Il y en avait sept; 3. Il y en avait un; 4. Il s'est levé; 5. Elle s'est levée aussi; 6. Il avait mal aux dents; 7. Parce que le vétérinaire était malade; 8. Quand on est malade.

Unit 58, Ex. I
1. Non, elle veut rester en France; 2. Pour perfectionner son français; 3. Ils ont décidé d'aller sur la Côte d'Azur pour un mois; 4. Non, elle l'accepte avec le plus grand plaisir; 5. Elle veut l'aider à faire le ménage et les courses; 6. Ils vont partir le lundi seize juillet; 7. Ils vont la passer à Lyon; 8. Ils espèrent y arriver mardi soir.

Unit 58, Ex. II
1. Ils sont arrivés à la Villa Rose à Cannes; 2. Non, ils sont arrivés en retard; 3. Elle était une grosse femme; 4. Elle les attendait depuis deux heures; 5. Elle lui a donné la clef; 6. Non, elle est partie en vélomoteur; 7. Elle était mécontente; 8. Il y en avait six; 9. Elle était propre; 10. Ils se sont couchés de bonne heure.

Unit 58, Ex. II
1. Elle n'aime faire ni les fenêtres, ni la vaisselle, ni la lessive; 2. Elle va faire la cuisine, et elle va nettoyer la salle de séjour et la cuisine; 3. Il doit faire les fenêtres; 4. Elle doit faire la lessive; 5. Elles doivent nettoyer les chambres et faire la vaisselle.

Unit 59, Ex. I
1. Ils sont allés à la Napoule; 2. Parce qu'il y a une jolie petite plage tranquille; 3. Ils se sont reposés dans des transatlantiques; 4. Elles se sont baignées; 5. Elle s'est endormie; 6. Il y avait de l'eau de mer; 7. Il a trébuché; 8. Il avait deux ans; 9. Il l'a versée sur une des chaussures de M. Berger; 10. Il a enlevé sa chaussure et sa chaussette, pour les faire sécher au soleil; 11. Elle s'appelait Mme

Aubourg; 12. Elle habitait à Lyon; 13. Ils étaient en vacances; 14. Ils y sont venus en voiture; 15. Il est moins cher; 16. Ils ont consulté le Guide Michelin; 17. Ils devaient partir faire des courses.

Unit 60, Ex I
1. On peut les acheter au magasin; 2. On peut les acheter au restaurant; 3. On peut les acheter au bar; 4. On peut la faire au lavoir.

Unit 60, Ex. II
1. On peut les mettre dans l'armoire; 2. On peut les mettre dans des placards; 3. On peut les mettre dans le frigo; 4. On peut la chauffer sur la cuisinière à gaz butane; 5. On peut dormir sur un canapé qui s'ouvre; 6. On peut la faire dans l'évier.

Unit 60, Ex. III
1. Il faut la charger très soigneusement pour tenir l'équilibre; 2. Il faut aller un peu plus lentement; 3. Il faut choisir un camping gardé; 4. Il faut choisir un camping à deux ou trois étoiles.

Unit 61, Ex. I
1. Il lui a montré les billets; 2. Elle a pesé les bagages; 3. Parce que la valise était trop lourde; 4. Ils sont allés à la salle d'attente B; 5. Ils sont entrés dans l'aéroport; 6. Ils ont entendu le haut-parleur; 7. Ils lui ont montré leurs passeports; 8. Ils sont allés à la douane.

Unit 61, Ex. II
1. Ils les ont trouvées à l'arrière; 2. Il faut toujours attacher la ceinture de sauvetage et éteindre la cigarette; 3. Il allait voler à huit mille mètres d'altitude; 4. Il allait voler à sept cents kilomètres à l'heure; 5. Ils ont pris le déjeuner; 6. Ils sont descendus de l'avion; 7. Elle en a été très contente.

SUMMARY OF GRAMMAR

ARTICLES

1 Indefinite (a, an)

	masculine	*feminine*
singular	un chauffeur	une voiture
plural	des chauffeurs	des voitures

2 Definite (the)

	masculine	*feminine*
singular	le garçon	la ville
plural	les garçons	les villes

For the masculine and feminine singular before a vowel or silent **h**, use **l'**:

l'avion	l'école
l'homme	l'hôtesse

With **à** (to the, at the):

	masculine	*feminine*
singular	au cinéma	à la porte
	à l'arrêt	à l'école
	à l'hôtel	à l'heure
plural	aux garçons	aux femmes
	aux hôtels	aux heures

With **de** (of the, from the):

singular	du garçon	de la fenêtre
	de l'enfant	de l'école
	de l'homme	
plural	des garçons	des femmes
	des enfants	des écoles
	des hommes	

3 Partitive (some, any)

	masculine	*feminine*
singular	du beurre	de la viande
	de l'argent	de l'eau
plural	des légumes	des bananes

Note: After a negative use **de** instead of the above:

Je bois du vin.	Je ne bois pas de coca-cola.
Il y a des pommes dans le panier.	Il n'y a pas de bouteilles dans le panier.

NOUNS

1 Formation of Plurals

Most nouns add **-s** to the singular:

singular	*plural*
un garçon	des garçons
un avion	des avions

Nouns ending in **-s**, **-x** or **-z** in the singular do not change:

un pardessus	des pardessus
un prix	des prix
un nez	des nez

Other plurals:

(1)	un oiseau	des oiseaux
	un chapeau	des chapeaux
(2)	un cheval	des chevaux
	un animal	des animaux
	un journal	des journaux
(3)	un bijou	des bijoux

Note:	un monsieur	des messieurs
	un œil	des yeux

2 Feminines

masculine	*feminine*
un marchand	une marchande
un boulanger	une boulangère
un vendeur	une vendeuse
un chanteur	une chanteuse
un acteur	une actrice

ADJECTIVES

1 Formation

singular	un livre vert	une cravate verte
	un pardessus bleu	une jupe bleue
plural	des livres verts	des cravates vertes
	des pardessus bleus	des jupes bleues

| *singular* | il est grand | elle est grande |
| *plural* | ils sont grands | elles sont grandes |

Adjectives agree with the noun or pronoun they describe in gender and number. The feminine singular of most adjectives is formed by adding -e to the masculine singular. If the masculine singular already ends in -e there is no change in the feminine singular:

un foulard jaune et rouge   une pomme jaune et rouge

Other feminine forms:

heureux, sérieux, furieux	heureuse, sérieuse, furieuse
cher, premier	chère, première
beau, nouveau	belle, nouvelle
blanc, sec	blanche, sèche
un vieux monsieur	une vieille dame
long, gros	longue, grosse
un chapeau neuf	une robe neuve
un bon potage	une bonne promenade
Note: tout le monde	toute la famille
tous les hommes	toutes les femmes

The plural of most adjectives is formed by adding -s to the singular. If the masculine singular ends in -s or -x, the plural form is the same:

	un pantalon gris	des pantalons gris
	il est heureux	ils sont heureux
Note:	beau	beaux
	nouveau	nouveaux

Before a vowel or silent **h**, **beau** becomes **bel**, **nouveau** becomes

nouvel, vieux becomes **vieil**, e.g.:

un bel homme, un nouvel enfant, un vieil arbre

2   Position (Unit 33)

Most adjectives follow the noun:

un acteur anglais, une femme furieuse, une chaise bleue, un avion gris, un livre intéressant, le bras droit.

A few common adjectives precede the noun:

un grand homme, une petite femme, une jeune fille, le premier mois, un vieux monsieur, un long bateau, une autre fois, un beau portrait, un nouveau magasin, un gros chou, une bonne idée, une jolie femme, une mauvaise réputation

3 Comparison (Units 25, 26, 33)

    (*a*) *Comparative*   Le chapeau bleu est plus cher que le chapeau rouge.

          Nina est plus âgée que Conchita.

          Le métro est plus rapide qu'un autobus.

          L'autobus est moins cher qu'un taxi.

Note:

bon	meilleur
mauvais	plus mauvais (*or* pire)

    (*b*) *Superlative* (formed by placing **le, la** or **les** before the comparative)

        Hans est le plus grand des trois étudiants.

        Conchita est la plus jeune des trois étudiantes.

        Marseille, Cherbourg et Le Havre sont les plus grands ports de France.

        Paris, Marseille et Lyon sont les plus grandes villes de France.

        Madame Berger est la meilleure cliente du fruitier.

4 Demonstrative (this, that, these, those) (Units 22, 24, 25, 36)

	masculine	*feminine*
singular	ce livre	cette maison
plural	ces livres	ces maisons

Before a vowel or silent **h**, use **cet** for **ce**:

        cet avion

        cet homme

5 Possessive (my, his, her, our, your, their)

masculine singular	*feminine singular*	*masculine and feminine plural*
mon chapeau	ma robe	mes chaussures
ton livre	ta serviette	tes chapeaux
son oncle	sa tante	ses cousins
notre garage	notre école	nos étudiants
votre pantalon	votre cravate	vos oreilles
leur jardin	leur maison	leurs parents

6 Interrogative

	masculine	*feminine*
singular	quel âge avez-vous?	quelle heure est-il?
plural	quels livres y a-t-il dans votre serviette?	quelles fleurs y a-t-il dans votre jardin?

PRONOUNS (Units 32, 33, 40, 42)

1 Personal

    (*a*) *Subject (see verb tables)*

    (*b*) *Direct object*

       le, la, les (him, her, it, them)

       Elle trouve **le** beurre et **le** met dans son sac.

       Elle trouve **la** confiture et **la** met dans le chariot.

       Elle prend **les** œufs et **les** met dans le panier.

       Elle prend **les** pommes et **les** met dans son sac.

J'ai perdu	mon sac.	Je l'ai cherché	
	ma clef.	Je l'ai cherchée	partout.
	mes gants.	Je les ai cherchés	
	mes lunettes.	Je les ai cherchées	

      me, te, nous, vous

      Il m'a accompagné à l'école.   Il nous a rencontrés au cinéma.

      Je t'ai vu à 5 heures.   Il vous a vu(s) dans la rue.

    (*c*) *Indirect object* (Unit 40 Note (*b*), Unit 44)

      lui (to him, to her), **leur** (to them)

      Il a appelé le chauffeur et lui a donné un pourboire.

      La vendeuse lui donne le fromage.

      Elle lui montre les billets.

      Marc dit 'Bonjour' aux étudiants et leur parle.

      me, te, nous, vous (to me, to you, etc.)

      Il m'a raconté tout.   Il nous a envoyé une lettre.

      Il t'a répondu.   Je vous ai envoyé une liste.

Notes:

    (*a*) Combien de jambon voulez-vous? J'**en** veux 200 grammes.

       Combien de baguettes voulez-vous? J'**en** veux deux (Units 34, 39).

    (*b*) Il **y** va en vélo (Units 9, 11).

    (*c*) Emphatic pronouns: moi, toi, lui, elle, nous, vous, eux, elles (see Unit 53, Note (*c*)).

    (*d*) *Position of Object Pronouns*

       Both direct and indirect object pronouns precede the verb, except when used in a sentence which expresses a *positive* command, e.g.,

       Donnez-le à Carlo.   Ne le donnez pas à Marc.

Mettez-la dans la boîte.   Ne la mettez pas dans le panier.
Envoyez-les à votre oncle.   Ne les envoyez pas à votre tante.
Donnez-lui l'argent.   Ne lui donnez pas le livre.

2 Relative

(a) **Qui** (who, which)
Voilà un petit enfant qui porte un livre.
Voici une petite plage qui est très tranquille.

(b) **Que** (whom, which, that)
Voici un gâteau que j'ai fait hier (Unit 55).
Voilà la femme que j'ai vue au théâtre.

VERBS

1 Present Tense

donner	finir (saisir, remplir)	attendre (descendre, vendre, entendre, répondre, étendre)
je donne	je finis	j'attends
tu donnes	tu finis	tu attends
il donne	il finit	il attend
elle donne	elle finit	elle attend
nous donnons	nous finissons	nous attendons
vous donnez	vous finissez	vous attendez
ils donnent	ils finissent	ils attendent
elles donnent	elles finissent	elles attendent

avoir	être	acheter
j'ai	je suis	j'achète
tu as	tu es	tu achètes
il a	il est	il achète
elle a	elle est	elle achète
nous avons	nous sommes	nous achetons
vous avez	vous êtes	vous achetez
ils ont	ils sont	ils achètent
elles ont	elles sont	elles achètent

aller
je vais
tu vas
il va
nous allons
vous allez
ils vont

boire
je bois
tu bois
il boit
nous buvons
vous buvez
ils boivent

devoir
je dois
tu dois
il doit
nous devons
vous devez
ils doivent

écrire
j'écris
tu écris
il écrit
nous écrivons
vous écrivez
ils écrivent

faire
je fais
tu fais
il fait
nous faisons
vous faites
ils font

préférer
je préfère
tu préfères
il préfère
nous préférons
vous préférez
ils préfèrent

lire
je lis
tu lis
il lit
nous lisons
vous lisez
ils lisent

manger (nager)
je mange
tu manges
il mange
nous mangeons
vous mangez
ils mangent

mettre
je mets
tu mets
il met
nous mettons
vous mettez
ils mettent

ouvrir
j'ouvre
tu ouvres
il ouvre
nous ouvrons
vous ouvrez
ils ouvrent

pouvoir
je peux
tu peux
il peut
nous pouvons
vous pouvez
ils peuvent

prendre (apprendre,
         comprendre)
je prends
tu prends
il prend
nous prenons
vous prenez
ils prennent

savoir
je sais
tu sais
il sait
nous savons
vous savez
ils savent

sortir (partir,
         dormir)
je sors
tu sors
il sort
nous sortons
vous sortez
ils sortent

venir (revenir, tenir)	**voir** (revoir)	**vouloir**
je viens	je vois	je veux
tu viens	tu vois	tu veux
il vient	il voit	il veut
nous venons	nous voyons	nous voulons
vous venez	vous voyez	vous voulez
ils viennent	ils voient	ils veulent

Reflexive verbs

se lever	**s'appeler**	**se promener**
je me lève	je m'appelle	je me promène
tu te lèves	tu t'appelles	tu te promènes
il se lève	il s'appelle	il se promène
nous nous levons	nous nous appelons	nous nous promenons
vous vous levez	vous vous appelez	vous vous promenez
ils se lèvent	ils s'appellent	ils se promènent

2 Negative (Unit 31)

je ne porte pas	je n'ai pas	je ne me lève pas
tu ne portes pas	tu n'as pas	tu ne te lèves pas
il ne porte pas	il n'a pas	il ne se lève pas
nous ne portons pas	nous n'avons pas	nous ne nous levons pas
vous ne portez pas	vous n'avez pas	vous ne vous levez pas
ils ne portent pas	ils n'ont pas	ils ne se lèvent pas

Note:
je ne fume jamais,
il ne fume jamais, etc. (see Section 6, More Negatives)

3 The Immediate Future

je vais	changer des chèques de voyage.
tu vas	acheter un plan-guide.
il va	aller au Commissariat.
elle va	chercher un garage.
nous allons	regarder la télévision.
vous allez	jouer au tennis.
ils vont	trouver le porte-monnaie.
elles vont	répondre à la lettre.

Negative:

je ne vais pas	jouer au bridge.
tu ne vas pas	nager dans la mer.
il ne va pas	ouvrir la porte, etc.
nous n'allons pas	
vous n'allez pas	
ils ne vont pas	

4 Perfect Tense

(i) with **avoir** (Unit 37, note (*a*))

donner etc.

j'ai	donné		attendre etc.
tu as	chanté	j'ai	attendu
il a	traversé	tu as	vendu
elle a	porté	il a	entendu
nous avons	joué	elle a	répondu
vous avez	mangé	nous avons	perdu
ils ont	travaillé	vous avez	
elles ont		ils ont	
		elles ont	

finir, etc.

j'ai	fini	j'ai	fait (faire)
tu as	saisi	tu as	ouvert (ouvrir)
il a	rempli	il a	mis (mettre)
elle a	dormi	elle a	pris (prendre)
nous avons	choisi	nous avons	dit (dire)
vous avez		vous avez	écrit (écrire)
ils ont		ils ont	
elles ont		elles ont	

j'ai	dû (devoir)	j'ai	eu (avoir)
tu as	pu (pouvoir)	tu as	été (être)
il a	bu (boire)	il a	ri (rire)
elle a	cru (croire)	elle a	souri (sourire)
nous avons	vu (voir)	nous avons	reçu (recevoir)
vous avez	lu (lire)	vous avez	
ils ont	voulu (vouloir)	ils ont	
elles ont	couru (courir)	elles ont	

Questions:

A-t-il commencé ses devoirs?

Avez-vous écrit à votre mère? etc.

Negative: (Unit 39)		*Negative questions:*
je n'ai pas	donné	N'a-t-il pas encore fini ses
tu n'as pas	attendu	devoirs?
il n'a pas	fini	N'avez-vous pas encore pris
elle n'a pas	été	votre petit déjeuner? etc.
nous n'avons pas	eu	
vous n'avez pas	fait	
ils n'ont pas	pris	
elles n'ont pas	mis	

(ii) These verbs (and their compounds) are conjugated with **être**:
arriver (arrivé), partir (parti), aller (allé), venir (venu), monter (monté), descendre (descendu), entrer (entré), sortir (sorti), rester (resté), tomber (tombé), retourner (retourné), passer (passé), naître (né), mourir (mort).

je suis allé(e)	je ne suis pas venu(e)
tu es allé(e)	tu n'es pas venu(e)
il est allé	il n'est pas venu
elle est allée	elle n'est pas venue
nous sommes allé(e)s	nous ne sommes pas venu(e)s
vous êtes allé(e)(s)	vous n'êtes pas venu(e)(s)
ils sont allés	ils ne sont pas venus
elles sont allées	elles ne sont pas venues

Questions:	*Negative questions:*
Est-il tombé?	N'est-il pas arrivé?
Etes-vous rentré(s)?	Ne sont-ils pas encore montés?

Note: (repartir) je suis reparti(e)
(remonter) je suis remonté(e)
(revenir) je suis revenu(e)

(iii) *With Reflexive verbs* (Units 53, 54, 56, 59)

je me suis levé(e)	vous vous êtes levé(e)(s)
tu t'es levé(e)	ils se sont levés
il s'est levé	elles se sont levées
elle s'est levée	
nous nous sommes levé(e)s	

Negative:

je ne me suis pas levé(e)	nous ne nous sommes pas levé(e)s
tu ne t'es pas levé(e)	vous ne vous êtes pas levé(e)(s)
il ne s'est pas levé	ils ne se sont pas levés

Questions:
Use Est-ce que . . . ?
e.g., Est-ce qu'il s'est levé?

(iv) *Agreement of the Past Participle*

    (*a*) With **être** (Unit 45)

        The past participle agrees with the subject of the verb:
        e.g., il est venu, Ingrid est sortie, ils sont tombés, elles sont
            restées.

    (*b*) With **avoir** (Unit 42)

        The past participle agrees with the preceding direct object,
        which is usually **l'** (**le** or **la**), or **les; me, te, nous, vous**:
        e.g., Avez-vous votre stylo?—Non, je l'ai donné à Marie.
            Où est ma carte d'identité?—Je l'ai cherchée partout.
            Il a ramassé les livres et les a donnés au professeur.
            Elle a pris les pommes et les a mises dans son panier.

    (*c*) With Reflexive Verbs (Units 54, 59)

        Reflexive verbs are conjugated with **être**, but agree as if
        with **avoir**, i.e. with the preceding direct object: **me, te, se,**
        nous, vous, se:
        e.g., il s'est lavé
            elle s'est réveillée
            ils se sont levés
            elles se sont arrêtées.

  Note: The perfect tense is used to express single actions or
            events which have taken place in the recent past in
            (1) conversations, (2) letters, (3) stories, e.g., (1) Unit
            39, Conversation, (2) Unit 45, (3) Unit 56.

5 Imperfect Tense

donner, etc.		
je donnais	(avoir) j'avais (etc.)	(écrire) j'écrivais
tu donnais	(être) j'étais	(boire) je buvais
il donnait	(vendre) je vendais	(manger) je mangeais
elle donnait	(aller) j'allais	(ouvrir) j'ouvrais
nous donnions	(dormir) je dormais	(mettre) je mettais
vous donniez	(faire) je faisais	(dire) je disais
ils donnaient	(devoir) je devais	(raser) je me rasais
elles donnaient	(pouvoir) je pouvais	
	(savoir) je savais	

Notes:
(*a*) the endings are always the same as in donner;

    (b) the stem (i.e., verb without ending) is obtained from the first plural present tense, e.g., nous buvons, je buvais (except: nous sommes, j'étais);

    (c) the imperfect tense is used to describe:

        (1) a scene or set of circumstances in the past; e.g., il faisait beau, le soleil brillait dans un ciel bleu. Une grosse femme les attendait à la porte.

        (2) habitual or usual happenings in the past: Unit 49B.

        (3) what was happening at some precise time in the past: Unit 50 and what was happening when something else happened: Unit 48.

6 More Negatives

Il ne fume jamais (*never*).

Il n'a jamais été en Angleterre.

Il n'y avait rien dans le sac (*nothing*) (Units 54, 56).

Je n'ai rien bu.

Qu'est-ce qu'il y a dans la boîte? Rien.

Il n'y a plus de jambon (*no more*) (Unit 41).

Il n'y a personne (*nobody*) (Unit 54).

Qui est assis derrière vous? Personne.

Il n'y a que neuf croissants (*only*).

Il n'y a ni sucre ni sel (*neither . . . nor*) (Units 58, 61).

Je n'ai senti aucun mouvement (*no*).

7 Commands

    (a) with most people use the verb form in **-ez**:

        Allez à la porte. Dessinez un nez.

        Ne donnez pas le livre à Jean.

        Levez-vous. Servez-vous. Ne quittez pas.

    Note: Allons au cinéma. *(Let's go to the cinema.)*

           Jouons au tennis. *(Let's play tennis.)*

    (b) with close friends or relations (where **tu** is used), use the present tense, **tu** form, e.g.,

        Finis ton déjeuner. Attends-moi.

        With verbs like donner omit **-s**, e.g., Donne-moi le livre.

8 Formation of questions

    (a) A rising tone of voice at the end of a statement:

        C'est une Renault? Vous allez au théâtre?

        Vous êtes allé au cinéma? *(Did you go to the cinema?)*

(b) **Est-ce que** placed in front of a statement:
   Est-ce que vous allez au concert? *(Are you going ...?)*
   Est-ce que M. Lenoir est grand ou petit? *(Is Mr Lenoir big or little?)*

(c) Except in the first person singular, inversion of pronoun and verb:
   Allez-vous à la gare? Avez-vous une voiture?
   Voulez-vous me donner cinq francs?

Notes: (i) In the first person singular use Est-ce que:
   Est-ce que je suis arrivé à l'heure? *(Have I arrived in time?)*

(ii) If two vowels come together, -t- is placed between them:
   A-t-il fini son livre?
   Où va-t-il?

(d) With a noun subject use **Est-ce que** or say:
   Marc est-il grand ou petit?
   Est-ce que Marc est grand ou petit?

ADVERBS

1 They are usually placed immediately after the verb:
   e.g., il descend rapidement dans la station.
2 They never change their spelling.
3 Many are formed by adding **–ment** to the feminine of the adjective, e.g.:

lent	lentement
heureux	heureusement
rapide	rapidement

Notes:

(a)

bon	bien
mauvais	mal

   e.g., C'est un bon professeur; il enseigne bien l'anglais (*well*).
   C'est un mauvais garçon; il travaille mal (*badly*).

(b) Hans travaille bien; il travaille mieux que moi (*better*).

TIME, etc.

Quelle heure est-il?
(See Units 14 and 17)
Les jours de la semaine
lundi (*Monday*), mardi, mercredi, jeudi, vendredi, samedi, dimanche.

Les mois de l'année

janvier	avril	juillet	octobre
février	mai	août	novembre
mars	juin	septembre	décembre

Les saisons
le printemps, l'été, l'automne, l'hiver

La date (Unit 17)

Le 16 septembre   September 16

but

  (*a*) mercredi 16 septembre   Wednesday, September 16
  (*b*) le 1er mai (le premier mai)

Le temps

il fait beau	il pleut
il fait mauvais	il neige *(It's snowing)*
il fait chaud	le soleil brille
il fait froid	
il fait du vent *(It's windy)*	

NUMBERS

1	un(e)	18	dix-huit	67	soixante-sept
2	deux	19	dix-neuf	70	soixante-dix
3	trois	20	vingt	71	soixante et onze
4	quatre	21	vingt et un	72	soixante-douze
5	cinq	22	vingt-deux	79	soixante-dix-neuf
6	six	23	vingt-trois	80	quatre-vingts
7	sept	30	trente	81	quatre-vingt-un
8	huit	31	trente et un	90	quatre-vingt-dix
9	neuf	33	trente-trois	91	quatre-vingt-onze
10	dix	40	quarante	100	cent
11	onze	41	quarante et un	101	cent un
12	douze	44	quarante-quatre	102	cent deux etc.
13	treize	50	cinquante	200	deux cents
14	quatorze	51	cinquante et un	250	deux cent cinquante
15	quinze	55	cinquante-cinq	1000	mille
16	seize	60	soixante	2000	deux mille
17	dix-sept	61	soixante et un		

Note: premier (première) *first*   N.B. cinquième
      deuxième   *second*   neuvième
      troisième   *third*
      etc.

VOCABULAIRE

à, *to, at*
d'abord, *at first*
accompagner, *to accompany*
d'accord, *agreed*
un achat, *purchase*
acheter, *to buy*
un acteur, *actor*
une actrice, *actress*
les actualités (f.), *news*
une addition, *bill*
une adresse, *address*
une aérogare, *air terminal*
les affaires (f.), *business*
affectueusement, *affectionately*
l'âge (m), *age*
(plus) âgé(e), *old(er)*
un agent, *policeman*
agréable, *pleasant*
aider, *to help*
d'ailleurs, *besides*
aimable, *amiable*
aimer, *to like, love*
l'Allemagne (f), *Germany*
allemand, *German*
aller, *to go*
un aller et retour, *return ticket*
un aller simple, *single ticket*
allumer, *to light*
une allumette, *match*
alors, *then*
une amende, *fine*
un(e) Américain(e), *American*
l'Amérique (f), *America*
une amour, *love*
un an, *year*
anglais(e), *English*
l'Angleterre, *England*
une année, *year*
un anniversaire, *birthday*
août, *August*
un appareil, *telephone*
un appartement, *flat*
s'appeler, *to be called*
apporter, *to bring*
apprendre, *to learn*
s'approcher, *to approach*
appuyer, *to press*

après, *after*
un après-midi, *afternoon*
un arbre, *tree*
l'argent (m), *money*
une armoire, *cupboard*
un arrêt d'autobus, *bus stop*
arrêter, *to arrest, stop*
s'arrêter, *to stop*
l'arrière, *rear*
arriver, *to arrive*
un arrondissement, *district of Paris*
un ascenseur, *lift*
un aspect, *appearance*
une aspirine, *aspirin*
s'asseoir, *to sit down*
assez, *enough*
une assiette, *plate*
assis(e), *sitting, seated*
attacher, *to fasten, attach*
attendre, *to wait for*
une salle d'attente, *waiting room*
atterrir, *to land*
une attestation d'assurance, *insurance certificate*
aujourd'hui, *to-day* —
aussi, *also*
une auto, *car*
un autobus, *bus*
autre, *other*
avant, *before (time)*
avec, *with*
un avion, *aeroplane*
avoir, *to have*
avril, *April*

les bagages, *luggage*
se baigner, *to bathe*
un bain, *bath*
un bain de soleil, *sunbath*
un bal, *dance*
un balcon, *balcony*
une banane, *banana*
un banc, *bench*
la banlieue, *suburb*
une banque, *bank*
une baguette, *long thin loaf*
une barbe, *beard*

un bas, *stocking*
jouer au basket, *to play basketball*
un bateau, *boat*
un bâtiment, *building*
beau, belle, *beautiful, fine*
beaucoup, *much, many, a lot of*
un(e) Belge, *Belgian*
la Belgique, *Belgium*
la belotte, *game of cards*
le besoin, *need*
avoir besoin de, *to have need of*
le beurre, *butter*
bien, *well*
très bien, *very good*
bien sûr, *of course*
bientôt, *soon*
la bienvenue, *welcome*
la bière, *beer*
un bifteck, *beefsteak*
un bijou, *jewel*
un billet, *ticket*
blanc(he), *white*
bleu(e), *blue*
du bœuf, *beef*
boire, *to drink*
une boîte (aux lettres), *(letter) box*
une boîte de nuit, *night club*
un bol, *dish*
bon(ne), *good*
bon marché, *cheap*
bonjour, *good morning*
une bonne, *servant*
au bord de, *at the edge of, beside*
une bouche, *mouth*
un boucher, *butcher*
une bougie, *candle, plug (car engine)*
un boulanger, *baker*
une boulangerie, *baker's shop*
un bout, *end*
une bouteille, *bottle*
une boutique, *shop*
un bouton, *button*
un bras, *arm*
briller, *to shine*
une brioche, *bun made of flour, butter, eggs*
une brosse (à dents), *(tooth) brush*
un bruit, *noise*
brun(e), *brown*

un bureau, *office*
un bureau de poste, *post-office*
un bureau de tabac, *tobacconist's shop*
Le Bureau des Objets Trouvés, *Lost Property Office*

ça, (cela), *that*
une cabine téléphonique, *telephone booth*
un cadeau, *present*
un café, *café, coffee*
un café-crème, *coffee with milk*
une cafetière, *coffee pot*
la caisse, *cash desk*
la caisse enregistreuse, *cash register*
le caissier ⎫
la caissière ⎭ *cashier*
le calcul, *arithmetic*
un cambrioleur, *burglar*
le Camembert, *Camembert cheese*
une camionnette, *van*
la campagne, *country(side)*
un canapé, *couch*
le canotage, *boating*
un car, *motor coach*
un carnet, *book of tickets, stamps*
la carte, *menu, map*
une carte d'identité, *identity card*
une carte postale, *postcard*
casser, *to break*
une cathédrale, *cathedral*
causer, *to chat*
ce, cet, cette, ces, *this, that, these, those*
une ceinture de sauvetage, *safety belt*
ce que, *what*
célèbre, *famous*
célébrer, *to celebrate*
cent, *hundred*
une cerise, *cherry*
cesser, *to cease, stop*
une chaîne, *television channel*
une chaise, *chair*
une chambre, *bedroom*
la chance, *luck*
une chanson, *song*
un(e) chanteur, (chanteuse), *singer*
chanter, *to sing*
un chapeau, *hat*

chaque, *each*
charger, *to load*
un chariot, *trolley*
un chat, *cat*
un château, *castle*
chaud(e), *hot*
le chauffage, *heating*
chauffer, *to heat*
une chaussette, *sock*
une chaussure, *shoe*
un chemin, *road*
une chemise, *shirt*
un chèque (de voyage), *(traveller's) cheque*
cher (chère), *dear*
chercher, *to look for*
un cheval, *horse*
les cheveux (m), *hair*
chez, *at (or to) the house of*
un chiffre, *figure*
choisir, *to choose*
une chose, *thing*
un chou, *cabbage*
un chou (de Bruxelles), *Brussels sprout*
le ciel, *sky*
la circulation, *traffic*
la cité, *city*
clair(e), *clear*
classique, *classical*
une clef, *key*
un(e) client(e), *customer*
un coffre, *boot of car*
un coiffeur, une coiffeuse, *hairdresser*
un coin, *corner*
un colis postal, *postal packet*
combien de, *how much (many)*
commander, *to order (meal)*
comme, *as*
commencer, *to begin*
comment, *how*
un commissariat, *police station*
un complet, *suit*
composer (un numéro), *to dial*
comprendre, *to understand*
un comprimé, *tablet*
compris, *understood*
un comptoir, *counter*
un(e) concierge, *caretaker*
conduire, *to drive (car)*

la confiture, *jam*
un congé, *holiday*
connaître, *to know*
une consommation, *drink*
content(e), *pleased, happy*
continuer, *to continue*
contre, *against*
un contrôleur, *ticket collector*
une corbeille, *basket*
un corps, *body (living)*
à côté de, *beside*
le coton, *cotton*
se coucher, *to go to bed, to lie down*
une couleur, *colour*
la coupe, *(hair) cut*
se couper, *to cut oneself*
courir, *to run*
le cours du change, *rate of exchange*
une course, *errand*; faire des courses, *to go shopping*
court(e), *short*
un couteau, *knife*
coûter, *to cost*
une cravate, *tie*
la crème, *cream*
crevé, *burst*
un cri, *shout*
crier, *to shout*
un croissant, *crescent shaped roll*
vous croyez? *Do you think so?*
une cuillère, *spoon*
le cuir, *leather*
une cuisine, *kitchen*
faire la cuisine, *to do the cooking*
une cuisinière, *cooker*
curieux(se), *curious*

une dame, *married woman, lady*
dans, *in*
danser, *to dance*
de, *of, from*
debout, *standing*
décembre, *December*
décider, *to decide*
décoller, *to take off (plane)*
décrire, *to describe*
décrocher, *to unhook*
déçu(e), *disappointed*
dedans, *inside*

déjà, *already*
le déjeuner, *lunch*
demain, *tomorrow*
demander, *to ask*
demi(e), *half*
un dentiste, *dentist*
les dents (f), *teeth*
le départ, *departure*
dépêchez-vous, *hurry up*
depuis, *since*
déranger, *to disturb*
dernier(ière), *last*
derrière, *behind*
descendre, *to go down*
se déshabiller, *to undress*
désirer, *to want*
un dessin, *drawing*
dessiner, *to draw*
deuxième, *second*
devant, *in front of*
je dois, (devoir), *I must*
dicter, *to dictate*
Mon Dieu! *Good Heavens!*
difficile, *difficult*
le dîner, *dinner*
un directeur, *director, manager*
diriger, *to direct, control*
une discothèque, *discotheque*
discuter, *to discuss, argue*
un disque, *record, disc*
dire, *to say*
un docteur, *doctor*
Quel dommage! *What a pity!*
donc, *therefore*
donner, *to give*
il dort, *he is sleeping* (dormir)
la douane, *customs*
un douanier, *customs officer*
doubler (une classe) *to spend two years in one class*
doucement, *gently*
une douche, *shower*
une douzaine, *dozen*
à droite, *on the right*
la durée, *length*
durer, *to last*

l'eau (f), *water*
une écharpe, *sling, scarf*

une école, *school*
écouter, *to listen to*
un écran, *screen*
écrire, *to write*
une église, *church*
électrique, *electric*
élégant, *elegant*
elle, *she, it*
un(e) employé(e), *employee*
emporter, *to carry away*
enchanté, *delighted*
encore, *still, yet*
s'endormir, *to go to sleep*
un enfant, *child*
enfin, *at last*
enlever, *to take off, away*
une enquête, *inquiry*
enseigner, *to teach*
ensemble, *together*
ensuite, *next*
entendre, *to hear*
entendu, *agreed*
entre, *between*
l'entr'acte, *interval*
une entrecôte, *steak from ribs of beef*
entrer, *to go in*
une enveloppe, *envelope*
envoyer, *to send*
épouser, *to marry*
l'équilibre, *balance*
un équipage, *crew*
un escalier (roulant), *(moving) staircase*
une escalope, *escalope*
l'Espagne (f), *Spain*
Espagnol, *Spanish*
espérer, *to hope*
essayer, *to try*
l'essence (m), *petrol*
essuyer, *to wipe*
un étage, *story (of house)*
les Etats Unis, *United States*
l'été (m), *summer*
s'étendre, *to stretch oneself out*
une étoile, *star*
étranger, *foreigner, stranger*
à l'étranger, *abroad*
être, *to be*
eux, *them*

un évier, *sink*
expliquer, *to explain*

(en) face (de), *opposite*
facile, *easy*
facilement, *easily*
faible, *weak*
la faim, *hunger*
faire, *to do, make*
une famille, *family*
la farine, *flour*
fatigué(e), *tired*
il faut, *it is necessary to*
une femme, *woman, wife*
une femme de chambre, *maid*
une fenêtre, *window*
fermer, *to close*
une fête, *holiday, festival*
un feu, *fire*
une feuille de papier, *sheet of paper*
un feuilleton, *serial*
les feux (de circulation), *traffic lights*
février, *February*
une fiche, *form (to fill up)*
une fièvre, *fever*
figurez-vous, *imagine*
un filet, *luggage rack*
une fille, *daughter*
une jeune fille, *girl*
une fillette, *little girl*
un fils, *son*
la fin, *end*
finir, *to finish*
un flacon, *flask, bottle*
une fleur, *flower*
une fois, *once*
formidable, *terrific*
la forêt, *forest*
fouiller, *to search*
un foulard, *scarf*
une fourchette, *fork*
français, *French*
frapper, *to hit, strike*
un frère, *brother*
un frigo, *fridge*
les frites (f), *chips*
froid(e), *cold*
le fromage, *cheese*

un fruitier, une fruitière, *fruiterer,
  greengrocer*
fumer, *to smoke*
furieux(se), *furious*
furtivement, *furtively*

gagner, *to get, earn*
un gant, *glove*
un garçon, *boy*
un garçon de café, *waiter*
la gare, *station*
la Gare Routière, *bus station*
garer, *to park*
garni(e) (escalope), *garnished (with
  vegetables)*
un gâteau, *cake*
un gâteau sec, *biscuit*
à gauche, *on the left*
le gaz, *gas*
gentil(le), *nice*
un(e) gérant(e), *manager(ess)*
une glace, *ice, mirror*
la gorge, *throat*
grand(e), *big, tall*
la grippe, *flu*
gris(e), *grey*
gros(se), *big*
un guichet, *ticket window*
une guitare, *guitar*

s'habiller, *to dress (oneself)*
habiter, *to live (in)*
d'habitude, *usually*
haché(e), *minced*
les haricots verts(m), *French beans*
un haut-parleur, *loudspeaker*
un hélicoptère, *helicopter*
l'herbe (f), *grass*
une heure, *hour*
heureusement, *fortunately*
heureux(se), *happy*
hier, *yesterday*
une histoire, *story, history*
l'hiver (m), *winter*
un(e) Hollandais(e), *Dutchman
  (woman)*
un homme, *man*
un hôpital, *hospital*
un Hôtel de Ville, *Town Hall*

une hôtesse de l'air, *air hostess*
l'huile, *oil*

ici, *here*
une idée, *idea*
il, *he, it*
il y a, *there is, there are; ago*
une image, *picture*
imiter, *to imitate*
un immeuble, *block of flats*
immobile, *motionless*
un imperméable, *raincoat*
n'importe, *no matter, never mind*
un incendie, *fire*
les indications, *instructions*
indiquer, *to point out, indicate*
une infirmière, *nurse*
une inondation, *flood*
inquiet (inquiète), *anxious*
insonorisé, *sound-proofed*
s'installer, *to settle*
interdit, *forbidden*
intéressant(e), *interesting*
interroger, *to interrogate*
un invité, *guest*
l'Italie (f), *Italy*
Italien(ne), *Italian*

jamais, *never*
une jambe, *leg*
le jambon, *ham*
janvier, *January*
le Japon, *Japan*
japonais(e), *Japanese*
un jardin, *garden*
jaune, *yellow*
jeune, *young*
joli(e), *pretty*
une joue, *cheek*
jouer, *to play*
un jour, *day*
un journal, *newspaper*
juillet, *July*
juin, *June*
une jupe, *skirt*
jusqu'à, *as far as*

un kilo, *kilogramme*
un kiosque, *kiosk*

là, *there*
là-bas, *over there*
un lac, *lake*
la laine, *wool*
laisser, *to leave, let*
le lait, *milk*
une laitue, *lettuce*
une lampe, *lamp*
une lampe de poche, *torch*
une langue, *language*
(se) laver, *to wash (oneself)*
un lavoir, *place for washing clothes*
un légume, *vegetable*
le lendemain, *next day*
lent(e), *slow*
lentement, *slowly*
lequel, laquelle? *which?*
une lettre, *letter*
leur(s), *their*
leur, *to them*
se lever, *to get up*
une librairie, *bookshop*
libre, *free*
lire, *to read*
une liste, *list*
un lit, *bed*
un livre, *book*
un livre d'occasion, *second-hand book*
loin de, *far from*
Londres, *London*
long(ue), *long*
longtemps, *a long time*
louer, *to rent*
lourd(e), *heavy*
lui, *(to) him, (to) her*
une lumière, *light*
des lunettes (f), *glasses*
le luxe, *luxury*

un magasin, *shop*
magique, *magic*
un magnétophone, *tape-recorder*
Mai, *May*
une main, *hand*
maintenant, *now*
mais, *but*
une maison, *house*
la Maison des Jeunes, *Youth Club*
mal, *badly*

avoir mal à la tête, *to have a headache*
malade, *ill*
maladroit(e), *clumsy*
un malheur, *misfortune*
malheureusement, *unfortunately*
un mandat, *postal order*
manger, *to eat*
manquer, *to miss*
un manteau, *coat (lady's or girl's)*
un(e) marchand(e), *shopkeeper*
un marché, *market*
marcher, *to work, function*
un mari, *husband*
un mariage, *marriage*
la marque, *make (of car, etc.)*
mars, *March*
un masque, *mask*
un matin, *morning*
mauvais(e), *bad*
un médecin, *doctor*
meilleur(e), *better*
même, *same, even*
menacer, *to threaten*
le ménage, (faire), *(to do) the housework*
une ménagère, *housewife*
la mer, *sea*
merci, *thank you*
une mère, *mother*
un métier, *trade, occupation*
le métro, *Paris Underground*
mettre, *to put (on)*
midi (m), *midday*
mieux, *better*
mille, *thousand*
minuit (m), *midnight*
une minute, *minute*
une mise en plis, *set (hair)*
moderne, *modern*
moi, *me* (moi-même, *myself*)
moins, *less*
un mois, *month*
mon, ma, mes, *my*
une montagne, *mountain*
monter, *to go up, get in*
une montre, *watch*
montrer, *to show*
un monument, *public building or monument*

un morceau, *piece*
un moteur, *engine*
une moto, *motor-bicycle*
un mouchoir, *handkerchief*
mouillé, *wet*
la moutarde, *mustard*
la musique, *music*

nager, *to swim*
une nappe, *tablecloth*
ne . . . aucun, *no*
ne . . . jamais, *never*
ne . . . ni, ni, *neither . . . nor*
ne . . . pas, *not*
ne . . . personne, *no one*
ne . . . plus, *no more, no longer*
ne . . . que, *only*
ne . . . rien, *nothing*
neiger, *to snow*
nettoyer, *to clean*
neuf(ve), *new*
un nez, *nose*
les noces (f), *marriage*
Noël (m), *Christmas*
noir(e), *black*
Il fait noir, *it is dark*
un nom, *name*
non, *no*
notre, nos, *our*
nous, *we, us*
nouveau, nouvelle, *new*
novembre, *November*
un numéro, *number*

obtenir, *to obtain*
occupé(e), *taken, occupied*
un oculiste, *oculist*
un œil, *eye* (pl. des yeux)
un œuf, *egg*
offrir, *to offer*
on, *one*
un oncle, *uncle*
l'Opéra (f), *Opera*
un oranger, *orange-tree*
un orchestre, *orchestra*
une ordonnance, *prescription*
une oreille, *ear*
ou, *or*
où, *where*

oublier, *to forget*
oui, *yes*
ouvert(e), *open*
une ouvreuse, *usherette*
ouvrir, *to open*

il paie, *he pays*
le pain, *bread*
un pain, *loaf*
un petit pain, *small roll*
un pain complet, *whole wheat loaf*
un panier, *basket*
une panne, *breakdown*
un pansement adhésif, *sticking plaster*
un pantalon, *trousers*
une papeterie, *paper shop*
du papier (à lettres, à machine),
  (letter, typing) paper
un paquet, *packet*
par, *through, by*
un parapluie, *umbrella*
un parc, *park*
parce que, *because*
un pardessus, *overcoat (man's or boy's)*
pardessus, *over*
un pare-brise, *windscreen*
paresseux(se), *lazy*
un parfum, *perfume*
un(e) Parisien(ne), *Parisian*
un parking, *parking place*
parler, *to speak*
une parole, *spoken word*
partir, *to leave, depart*
partout, *everywhere*
un passeport, *passport*
passer (un disque), *to play a record*
se passer, *to happen*
un pâté, *pâté, potted meat*
des pâtes, *spaghetti etc.*
une pâtisserie, *cake-shop*
un patron, *boss*
la pêche, *fishing*
un peintre, *painter*
pendant, *during*
pendant que, *whilst*
une pendule, *clock*
une pensée, *thought*
perdre, *to lose*
un père, *father*

perfectionner, *to perfect*
périphérique, Boulevard Périphérique,
  ring road round Paris
permettre, *to allow*
une personne, *person*
peser, *to weigh*
petit(e), *little, small*
le petit déjeuner, *breakfast*
un peu, *little*
la peur, *fear*
peut-être, *perhaps*
un phare, *car headlight*
une pharmacie, *chemist's shop*
un pharmacien, *chemist*
une phrase, *sentence*
un(e) pianiste, *pianist*
une pièce, *play*
un pied, *foot*
un pilote, *pilot*
un pique-nique, *picnic*
une piscine, *swimming pool*
la piste, *runway*
un placard, *cupboard*
une place, *square; seat*
une plage, *beach*
le plaisir, *pleasure*
s'il vous plaît, *please*
un plan-guide, *guidebook with maps*
plastique, *plastic*
un plat, *dish*
un plateau, *tray*
plein(e), *full*
faire le plein, *to fill up*
il pleut, *it's raining*
la plupart, *most*
plus, *more*
plusieurs, *several*
un pneu, *tyre*
une poche, *pocket*
une poire, *pear*
un petit pois, *pea*
un poisson, *fish*
le poivre, *pepper*
Police-Secours (m), *emergency call to
  police*
policier, *police (adj.)*
politique, *political*
une pomme, *apple*
une pomme de terre, *potato*

une porte, *door*
un porte-monnaie, *purse*
porter, *to carry*
un porteur, *porter*
un Portugais, *Portuguese*
poser, *to put*
poser des questions, *to ask questions*
la poste, *post office*
un poste de police, *police station*
le potage, *soup*
une poudre, *powder*
un poulet, *chicken*
pour, *for, in order to*
un pourboire, *tip*
pour cent, *per cent*
pourquoi, *why*
pousser, *to push, utter (a cry)*
pouvoir, *to be able*
préférer, *to prefer*
premier(ière), *first*
un prénom, *Christian name*
près de, *near*
présenter, *to introduce*
la pression, *pressure*
un prestidigitateur, *conjuror*
prêt(e), *ready*
prier, *to beg, request*
je vous en prie, *don't mention it*
le printemps, *spring*
le prix, *price*
prochain(e), *next*
un professeur, *teacher*
une promenade, *walk*
promettre, *to promise*
propre, *clean*
les provisions (f), *provisions*
puis, *then, next*

un quai, *railway platform*
quand, *when*
un quart, *quarter*
que, *what, that, than*
quel(le), *what*
quelque, *some*
quelque chose, *something*
quelquefois, *sometimes*
quelqu'un(e), *someone*
une queue, *queue*
Qu'est-ce que? *What?*

qui, *who*
une quinzaine, *fortnight*
quitter, *to leave*

raconter, *to tell*
un raisin, *grape*
raison (avoir), *(to be) right*
ramasser, *to pick up*
ramer, *to row*
un rapide, *express train*
rapporter, *to bring back*
se raser, *to shave*
un rayon, *counter, department (in store)*
un récepteur, *receiver*
recevoir, *to receive*
recommandé(e), *registered*
reçu, *received; receipt*
regarder, *to look at*
réglementé, *regulated*
remercier, *to thank*
remplir, *to fill*
rencontrer, *to meet*
rentrer, *to return*
réparer, *to mend*
un repas, *meal*
répondre, *to reply*
une réponse, *answer*
se reposer, *to rest*
un représentant de commerce, *commercial traveller*
un réservoir, *petrol tank*
un réservoir (à eau), *(water) container*
rester, *to remain*
en retard, *late*
retirer, *to pull off*
retourner, *to return*
se réveiller, *to wake up*
le rez de chaussée, *ground floor*
de rien, *don't mention it*
rire, *to laugh*
une robe, *dress*
une robe de chambre, *dressing gown*
un robinet, *tap*
robuste, *strong, tough*
un rôle (jouer un), *(to play) a part*
un roman, *novel*
rond(e), *round*
le rosé, *rosé wine*

rouge, *red*
rouler, *to go (cars etc.)*
une rue, *street*
un(e) Russe, *Russian*

un sac, *bag*
saisir, *to seize*
une salade, *salad*
sale, *dirty*
une salle de bain, *bathroom*
une salle de classe, *classroom*
une salle à manger, *dining room*
un salon, *sitting room*
un salon de coiffure, *hairdresser*
Salut! *Greetings*
le sang, *blood*
sans, *without*
sauf, *except*
sauter, *to jump*
savoir, *to know*
le savon, *soap*
une savonnette, *piece of soap*
scolaire (livre), *school (book)*
une séance, *performance*
un seau, *bucket*
sec, sèche, *dry*
sécher, *to dry*
un séchoir, *(hair) drier*
Au secours! *Help!*
un séjour, *stay*
le sel, *salt*
une semaine, *week*
sentir, *to feel*
septembre, *September*
une série, *series*
sérieux(se), *serious*
service compris, *service included*
une serviette, *briefcase; towel*
servir, *serve*
seul(e), *alone*
seulement, *only*
un short, *pair of shorts*
si, *if; yes*
sinistre, *sinister*
(faire) du ski, *(to go) skiing*
(faire) du ski nautique, *(to go) water skiing*
un slip, *bathing trunks*
la société, *company*

une sœur, *sister*
la soie, *silk*
la soif, *thirst*
soigneusement, *carefully*
un soir, *evening*
une soirée, *evening*
en solde, *on sale*
le soleil, *sun*
son, sa, ses, *his, her, its*
la sorte, *kind, sort*
une sortie, *exit*
sortir, *to go out*
une soucoupe, *saucer*
souhaiter, *to wish*
un sourire, *smile*
sous, *under*
souvent, *often*
un spectacle, *show*
un standardiste, *telephone operator*
le stationnement, *parking*
une station service, *service station*
en sténo, *typed*
une sténo-dactylo, *typist*
stupide, *stupid*
le sucre, *sugar*
la Suède, *Sweden*
Suédois(e), *Swedish*
ça suffit, *that's enough*
la Suisse, *Switzerland*
suivant(e), *following, next*
suivre, *to follow*
un supermarché, *supermarket*
un supplément, *surcharge*
sur, *on*
sûr(e), *sure*
surpris(e), *surprised*
surtout, *above all*
sympa(thique), *likeable*

le tabac, *tobacco*
un tableau, *picture*
un tableau noir, *blackboard*
une tablette, *tablet*
un tablier, *apron*
un tambour, *drum*
tant (pis), *so·much (the worse)*
une tante, *aunt*
taper, *to tap*
(plus) tard, *late (later)*

une tasse, *cup*
une teinture, *tinting*
téléphoner, *to telephone*
le temps, *weather, time*
tenir, *to hold*
une terrasse, *terrace*
une tête, *head*
le thé, *tea*
un théâtre, *theatre*
un timbre, *stamp*
tirer, *to pull*
un tiroir, *drawer*
une tomate, *tomato*
tomber, *to fall*
une torche, *torch*
tôt, *soon*
toujours, *always*
le tour, *turn*
tour à tour, *in turn*
un tourne-disque, *record player*
tousser, *to cough*
tout(e), *all*
tout à coup, *suddenly*
tout de suite, *immediately*
tout droit, *straight on*
tout le monde, *everybody*
un trajet, *journey*
tranquille, *quiet*
un transatlantique, *deckchair*
le travail, *work*
travailler, *to work*
traverser, *to cross*
trébucher, *to stumble*
très, *very*
un tricot, *jumper*
tricoter, *to knit*
un trimestre, *term*
troisième, *third*
trop, *too much, too many*
un trottoir, *pavement*
trouver, *to find*
un tube de dentrifrice, *tube of
toothpaste*
les Tuileries, Tuileries Gardens, *in
Paris, by the Louvre*

usé(e), *worn out*
une usine, *factory*

les vacances, *holidays*

la vaisselle, *washing up*
une valise, *suitcase*
le veau, *veal*
un vélo, *bicycle*
un vélomoteur, *lightweight motorcycle,
moped*
un vendeur, *salesman*
une vendeuse, *saleswoman*
vendre, *to sell*
venir, *to come*
vérifier, *to check*
un verre, *glass*
vers, *towards*
verser, *to pour*
vert(e), *green*
une veste, *coat*
un vestibule, *hall*
un vêtement, *article of clothing*
vétérinaire, *veterinary*
la viande, *meat*
vider, *to empty*
la vie, *life*
vieux, (vieille), *old*
une ville, *town*
le vin, *wine*
un violon, *violin*
vite, *quickly*
la vitesse, *speed*
une vitrine, *shop window*
voici, *here is, here are*
voilà, *there is, there are, there you are*
un(e) voisin(e), *neighbour*
voir, *to see*
une voiture, *car*
un vol, *flight, theft*
voler, *to fly; to steal*
un voleur, *thief*
volontiers, *willingly*
votre, vos, *your*
je voudrais, *I should like*
vouloir, *to want, wish*
un voyage, *journey*
voyager, *to travel*
une vue, *view*

un wagon, *carriage*
un wagon-restaurant, *restaurant car*

les yeux (m), *eyes*

Zut! *Bother!*